99 Wege zur Gelassenheit

Kleine Impulse für ein zufriedenes Leben

von
Richard Flournoy
Frank Minirth
Paul Meier
States Skipper

R. BROCKHAUS

Die amerikanische Originalausgabe erschien 1985
(7. Aufl. 1998) unter dem Titel:
100 Ways to Obtain Peace,

Übersetzung: Sabine Hellwig-Wagnitz

Benutzte Bibelübersetzungen:
Lutherbibel, revidierte Fassung von 1984,
© 1985 Deutsche Bibelgesellschaft Stuttgart (L).
Einheitsübersetzung der Heiligen Schrift,
© 1980 Katholische Bibelanstalt, Stuttgart (E).
Die Bibel in heutigem Deutsch,
Die Gute Nachricht des Alten und Neuen Testaments,
© 1982 Deutsche Bibelgesellschaft Stuttgart (GN)

RB*taschenbuch Bd. 597*

Umschlaggestaltung: Dietmar Reichert, Dormagen
Gesamtherstellung: Breklumer Druckerei Manfred Siegel KG
ISBN 3-417-20597-2
Bestell-Nr. 220 597

INHALT

TEIL EINS

Sich bei Gott in guten Händen wissen

1

Trauen Sie Gott zu, dass er Sie befähigt!

Mose aber sprach zu dem HERRN: Ach, mein HERR, ich bin von jeher nicht beredt gewesen, auch jetzt nicht, seitdem du mit deinem Knecht redest; denn ich hab eine schwere Sprache und eine schwere Zunge. Der HERR sprach zu ihm: Wer hat dem Menschen den Mund geschaffen? Oder wer hat den Stummen oder Tauben oder Sehenden oder Blinden gemacht? Habe ich's nicht getan, der HERR? 2. *Mose 4,10–11 (L)*

Wenn man den Eindruck hat, dass einem die Aufgaben über den Kopf wachsen, wird man schnell nervös, verkrampft und ängstlich. Wir alle leiden wohl von Zeit zu Zeit unter dem Mose-Syndrom und sprechen uns selbst die Fähigkeit ab, die vor uns liegenden Anforderungen zu bewältigen. Unser Problem liegt weniger darin, dass wir uns selbst unterschätzen, als vielmehr darin, dass wir Gott unterschätzen. Wenn wir einfach darauf vertrauen, dass Gott uns für die Aufgabe, die er uns gegeben hat, auch die nötigen Fähigkeiten schenkt, kann der Stress uns längst nicht mehr so viel anhaben.

2

Rechnen Sie in Zeiten der Not mit Gottes Hilfe!

Fürchtet euch nicht, stehet fest und sehet zu, was für ein Heil der HERR heute an euch tun wird. *2. Mose 14,13 (L)*

Das sind die Worte, die Mose an die Israeliten richtete, unmittelbar bevor Gott auf wundersame Weise das Rote Meer teilte. Was war das für eine Lage, in der sie sich befanden! Hinter ihnen stürmte die mächtige ägyptische Armee heran, vor ihnen tobte das Rote Meer. Es schien nur noch die Wahl zwischen zwei tödlichen Übeln zu geben. Natürlich hatten sie schreckliche Angst und eine fürchterliche Wut auf Mose, der sie in diese allem Anschein nach tödliche Falle geführt hatte. Plötzlich aber griff Gott ein und tat ein Wunder.

Manchmal lassen sich unsere Ängste nur sehr schwer beruhigen. Wir müssen lernen, mit dem Außergewöhnlichen zu rechnen, weil Gottes Rettungsaktion oft schon auf dem Weg zu uns ist. Wenn wir die schier aussichtslose Situation erst auf wunderbare Weise überstanden haben, fragen wir uns im Nachhinein, wie wir je an Gott zweifeln konnten. Auf welche Weise Gott handeln wird, ist und bleibt unvorhersehbar! Wir können nie im Voraus wissen, *wie* er uns zu Hilfe kommt, es bleibt immer überraschend. Das Einzige, was uns nicht überraschen sollte, ist, *dass* er uns immer zu Hilfe kommen wird. Wir dürfen und sollen mit Gottes Hilfe rechnen.

3

Stellen Sie sich Gottes Schutz bildlich vor!

Und der Diener des Mannes Gottes stand früh auf und trat heraus, und siehe, da lag ein Heer um die Stadt mit Rossen und Wagen. Da sprach sein Diener zu ihm: O weh, mein HERR! Was sollen wir nun tun? Er sprach: Fürchte dich nicht, denn derer sind mehr, die bei uns sind, als derer, die bei ihnen sind! Und Elisa betete und sprach: HERR, öffne ihm die Augen, dass er sehe. Da öffnete der HERR dem Diener die Augen und er sah, und siehe, da war der Berg voll feuriger Rosse und Wagen um Elisa her.

2. Könige 6,15–17 (L)

Etwas ganz Großes für Christen ist die Gewissheit, dass Gott immer bei uns ist. In der Tretmühle des Alltags jedoch können wir uns das aber oft nur schwer vorstellen. In einer Welt, die ganz und gar auf das Sehen, Riechen, Schmecken, Hören und Fühlen ausgerichtet ist, will uns ein unsichtbarer Schutz zudem nicht gerade unüberwindlich erscheinen. Ehe wir also vorschnell an dem jungen Diener Kritik üben, sollten wir uns erst einmal ehrlich selbst betrachten.

Das Wissen um einen unüberwindlichen Schutzwall Gottes, der uns umgibt, kann sich als ein Schlüssel zu innerer Sicherheit und Geborgenheit erweisen. Sich immer wieder bildlich vor Augen zu malen, wie Gott mit seinem Schutzschild Gefahren von uns fern hält, kann viel dazu beitragen, unsere Ängste zum Schweigen zu bringen. Versuchen Sie es! Glauben Sie, dass es wahr ist! Gottes Sicherheitssystem ist in Wirklichkeit noch viel ausgeklügelter, als wir uns das vorstellen können. Nichts, aber auch gar nichts, wird an uns herankommen, was er nicht zulässt.

4

Machen Sie sich klar: Gott wartet darauf zu helfen

Denn des HERRN Augen schauen alle Lande, dass er stärke, die mit ganzem Herzen bei ihm sind. *2. Chronik 16,9a (L)*

Ängste haben oft ihre Ursache in der Furcht, verlassen zu werden, oder im Gefühl, völlig allein dazustehen. Manchmal befürchten wir sogar unnötigerweise, dass eine enge Beziehung zu Gott für uns völlig unerreichbar sein könnte. Wir haben Angst, dass er uns gar nicht will.

In diesem Vers lässt Gott uns wissen, wie sehr er nach Menschen Ausschau hält, die ihn kennen lernen wollen. Es verlangt ihn danach, uns nahe zu sein! Viele Menschen meinen hingegen, dass sie trotz aller Anstrengungen Gott nicht nahe kommen können. Vielleicht haben sie in ihrer Kindheit vergeblich versucht, eine echte Beziehung zu ihrem irdischen Vater aufzubauen, und übertragen nun unberechtigterweise das Gefühl der Ablehnung auf ihren himmlischen Vater.

Die Heilige Schrift sagt uns in diesem Vers klar, dass Gott sich nach einer tiefen Beziehung zu uns sehnt und sich auf einer groß angelegten und intensiven Suche nach Menschen befindet, die Stärkung nötig haben. Er wartet darauf, seine Stärke in unserem Leben zu erweisen, wenn unsere Herzen (d. h. unser Verstand, Gefühl und Wille) ganz auf ihn ausgerichtet sind.

5

Glauben Sie, dass Gott in Ihrem Leben nie den Überblick verliert

Er mag mich töten, ich harre auf ihn.

Hiob 13,15a (E)

Menschlich gesprochen ist es oft völlig unverständlich, warum Gott Schmerz und Leid auf dieser Welt zulässt, besonders dann, wenn die Woge des Leids nicht mehr vor der eigenen Haustür Halt macht.

Es stehen uns im Grunde nur drei Möglichkeiten offen, mit solchen Prüfungen umzugehen: Wir können unsere Ängste nach innen richten und depressiv werden; wir können unsere Ängste nach außen wenden und wütend bzw. aggressiv reagieren und dabei andere verletzen; oder wir können uns an Gott wenden. Die meisten Menschen versuchen es immer wieder auf die ersten zwei Arten – mit sehr wenig Erfolg, da beide Reaktionsweisen unseren inneren Frieden aufs Empfindlichste verletzen.

Wenn wir uns stattdessen an den Herrn wenden, können Ruhe und Gelassenheit einkehren, auch wenn wir nicht verstehen, warum uns Leid geschieht. Gottes Souveränität ist eine Tatsache, zu der ein Christ in solchen Zeiten Zuflucht nehmen kann. Gott hat alles unter Kontrolle, er verliert nie den Überblick. Er weiß jederzeit, was das Beste ist, und tut immer das Richtige. Er hat die Freiheit zu handeln, wie es ihm gefällt.

Seine unendlichen Gedanken durchschauen die Situation vollkommen, und wir können gewiss sein, dass er uns nie im Stich lässt. Wir dürfen und müssen ihm vertrauen, selbst wenn wir nicht verstehen, was geschieht.

6

Nehmen Sie Gottes Trost an

Der HERR ist mein Hirte, mir wird nichts mangeln. Er weidet mich auf einer grünen Aue und führet mich zum frischen Wasser. Er erquicket meine Seele. Er führet mich auf rechter Straße um seines Namens willen. Und ob ich schon wanderte im finstern Tal, fürchte ich kein Unglück; denn du bist bei mir, dein Stecken und Stab trösten mich.

Psalm 23,1–4 (L)

Diese Worte sind Menschen immer wieder zu einer Quelle des Trostes geworden und haben ihnen Frieden geschenkt. Nur wenige andere Bibelstellen sprechen in solch schönen Bildern. Dass der 23. Psalm Menschen immer wieder aufgerichtet hat, liegt wohl daran, dass hier ein Trost beschrieben wird, von dem wir in schweren Zeiten alle träumen. Aber er muss kein Wunschtraum bleiben! In Jesus Christus steht uns dieser Trost jetzt in diesem Augenblick zur Verfügung.

Er fällt uns allerdings nicht durch bloßes Fingerschnippen zu. Wir müssen Gottes Trost zulassen und annehmen, sonst wird er nicht unser sein. Um innere Heilung empfangen zu können, dürfen wir nicht an unseren Verletzungen festhalten. Wir müssen sie vor dem Betreten der grünen Weide am Eingangstor fallen lassen. Dann werden Herz und Hände frei sein und die wohltuende Erneuerung von Geist und Seele in Empfang nehmen können.

7

Glauben Sie an Gottes Eingreifen

Der HERR steht mir bei; nun fürchte ich nichts mehr. Was könnte ein Mensch mir schon tun? Der HERR steht mir bei, er selber greift ein.

Psalm 118,6–7a (GN)

Wer von Angst geplagt ist, macht sich meist völlig unnötige Sorgen. Manchmal leidet am Ende sogar seine Gesundheit darunter. Das ist nicht in Gottes Sinne. Gott weiß sehr wohl, dass wir uns alle ab und zu große Sorgen machen, aber er möchte nicht, dass wir uns von unseren Sorgen und Ängsten überwältigen lassen. Bei allem, was uns umtreibt, sollte die tiefe Überzeugung in uns verankert sein, dass Gott eingreifen wird – auch wenn es nicht zu dem Zeitpunkt und auf die Weise geschieht, wie wir uns das vorgestellt haben. Das Kreisen um unsere Sorgen (um finanzielle Engpässe, Krisen in der Familie oder Probleme im Beruf) kann dann durchbrochen werden, wenn wir in der festen Erwartung leben, dass Gott mit seiner Macht wie ein elektrischer Impuls in unsere Lebenssituation hineinfahren und sie mit neuer Lebendigkeit und Kraft durchströmen wird.

8

Suchen Sie Zuflucht bei Gott

Besser, sich zu bergen beim HERRN, als auf Menschen zu bauen.

Psalm 118,8 (E)

Es ist traurig, aber wahr: Manchmal lassen uns Menschen im Stich, unter Umständen sogar gute Freunde. Das Traurigste daran ist, dass wir plötzlich niemanden mehr haben, dem wir vertrauen und mit dem wir unsere Schwierigkeiten besprechen können. In solchen Augenblicken sollten wir Zuflucht bei der besten Adresse nehmen, die im ganzen Universum zu finden ist: bei Gott selbst. Er ist die einzige Vertrauensperson, die uns nie enttäuschen wird.

9

Vergessen Sie nie Gottes ständige Gegenwart

Wohin soll ich gehen vor deinem Geist, und wohin soll ich fliehen vor deinem Angesicht? Führe ich gen Himmel, so bist du da; bettete ich mich bei den Toten, siehe, so bist du auch da. Nähme ich Flügel der Morgenröte und bliebe am äußersten Meer, so würde auch dort deine Hand mich führen und deine Rechte mich halten.

Psalm 139,7–10 (L)

In uns allen steckt die Angst, allein gelassen zu werden. Das sind ganz normale und verbreitete Befürchtungen. Eine der schönsten Verheißungen der Bibel aber heißt: Gott ist immer bei uns! Wir müssen nie fürchten, dass wir ganz alleine dastehen werden. Gott ist mit seiner Liebe bei uns und hält uns bei jedem Schritt, den wir gehen, an seiner Hand.

10

Nehmen Sie sich viel Zeit, über Gottes vorbehaltlose Liebe nachzudenken

Wie schwer sind für mich, Gott, deine Gedanken! Wie ist ihre Summe so groß! Wollte ich sie zählen, so wären sie mehr als der Sand: Am Ende bin ich noch immer bei dir.

Psalm 139,17–18 (L)

Immer dann, wenn Sie sich völlig unwichtig fühlen (und das tun wir schließlich alle ab und zu), halten Sie sich vor Augen, dass die Gedanken, die Gott sich um uns macht, zahlreicher sind als die Sandkörner am Meer. Als Sie heute Morgen aufwachten, war unser himmlischer Vater, der Sie lieb hat, noch immer bei Ihnen. Die ganze Nacht lang hatte er sich liebevoll Gedanken um Sie gemacht – um Sie persönlich.

In unserer Welt ist Liebe meist an bestimmte Bedingungen gebunden und fordert eigentlich immer Gegenseitigkeit. Eine solche Liebe sagt zum Beispiel: »Wenn du mich liebst, liebe ich dich auch.« Oder sie sagt: »Nur in dem Maße, wie du mich liebst, werde ich deine Liebe erwidern.«

Gottes Liebe ist anders. Die *bedingungslose Liebe* Gottes in ihrer ganzen Tiefe zu begreifen, fällt uns Menschen sehr schwer.

Wir sind dem allmächtigen Gott, der Himmel und Erde geschaffen hat, sehr, sehr wichtig; und wenn wir es noch so gewohnt sind, uns fälschlicherweise für unwichtig zu halten. Wir haben es nicht nötig, um Anerkennung zu ringen und zu beweisen, wer wir sind, weder auf sexuellem Gebiet noch durch materiellen Besitz, durch Machtkämpfe oder Selbstsucht. Wir können aussteigen aus dem unsinnigen Wettlauf der Menschen nach Geltung, wenn wir uns von Gott sagen lassen, wie wichtig und bedeutend wir in seinen Augen sind.

All die Energie, die wir bisher brauchten, um uns um unsere eigene Wichtigkeit zu sorgen, wird uns dann plötzlich zur Verfügung stehen, um in Liebe für andere Menschen da zu sein und deren Liebe anzunehmen. Genau das aber ist mit dem erfüllten Leben gemeint, von dem Johannes 10,10 spricht.

11

Zusammenspiel

Das Ross wird gerüstet für den Tag der Schlacht, doch der Sieg steht beim HERRN.

Sprüche 21,31 (E)

Manchmal fühlt man sich wie bei einem 10.000-Meter-Lauf. Man quält sich nur noch so über die Runden, und der Gedanke an den morgigen Tag kann einem schon heute allen Mut rauben. Man fragt sich, wie weit die Kraft wohl noch reichen wird.

Der Bibelvers hat eine aufschlussreiche Einsicht zu bieten: Wir sollen sehr wohl Verantwortung tragen und tun, was in unserer Macht steht, um mit einem Problem fertig zu werden (»das Ross wird gerüstet«). Das aber ist nur die eine Seite. Auf der anderen Seite der Waage steht der Glaube, dass Gott letztlich alles in seiner Hand hat (»der Sieg steht beim Herrn«). Keine Mannschaft spielt mit zwei Kapitänen gleichzeitig. Natürlich sollen Sie den Ball übernehmen und damit loslaufen, aber lassen Sie Gott die Bälle verwandeln. Sehen Sie sich nicht als Einzelkämpfer. Spielen Sie im Team!

12

Verlassen Sie sich auf die Allmacht Gottes

Siehe, ich, der HERR, bin der Gott alles Fleisches, sollte mir etwas unmöglich sein?

Jeremia 32,27 (L)

Wie tröstlich ist es doch, sich deutlich zu machen, dass Gott nichts unmöglich ist! Wenn wir uns an ihn wenden, kann er uns helfen, mit jedem Problem fertig zu werden. Die Vorstellung, dass selbst Gott nicht mehr so recht weiterwissen könnte, würde uns wohl zumindest seltsam anmuten. Kein Knoten kann so fest sein, dass Gott ihn nicht lösen könnte, keine Situation so verworren, dass er sie nicht durchschaute. Oder meinen Sie wirklich, dass Gott in die Verlegenheit käme zu sagen: »Huch! Jetzt sind mir die Dinge da unten doch tatsächlich aus der Hand geglitten!«? Natürlich nicht. Je mehr wir uns auf Gottes unermessliche Stärke verlassen, desto mehr erweist er seine Macht.

13

Freuen Sie sich darüber, dass Gott uns nie aufgibt

Gottes Barmherzigkeit hat kein Ende.

Klagelieder 3,22 (L)

Vielen von uns fällt es schwer, Gott für so großzügig zu halten, wie er tatsächlich ist. Wenn uns ein Fehler zum wiederholten Mal passiert, neigen wir dazu zu sagen: »So, das war's. Dieses Mal ist Gott bestimmt fertig mit mir.« In Wirklichkeit aber ist Gott mit seinen Kindern nie fertig. Gottes Barmherzigkeit hat wirklich keine Löcher, durch die wir schlüpfen könnten.

Unser Problem ist, dass wir Gefühle, wie wir sie einem Menschen gegenüber entwickeln, der uns verletzt hat, auf Gott übertragen. Deshalb meinen wir zu wissen, wie sehr sich Gott von uns verletzt fühlen muss. Wir sagen uns: »Wenn mir jemand so etwas angetan hätte, wollte ich nichts mehr mit ihm zu tun haben. Also will Gott jetzt auch mit mir nichts mehr zu tun haben.« Wir gehen von unseren Gefühlen aus und projizieren sie auf Gott. Nichts aber könnte der Wahrheit weniger entsprechen als das. Zwar werden wir oft die Konsequenzen unseres Verhaltens zu spüren bekommen, denn Gott möchte, dass wir aus unseren Fehlern lernen. Aber er wird uns nie »fallen lassen«. Wir dürfen uns also entspannen, uns an Gottes nicht enden wollender Güte erfreuen und ihm für seine Zurechtweisungen danken. Gott ist noch lange nicht fertig mit uns!

14

Lernen Sie den Tröster kennen

Aber der Tröster, der heilige Geist, den mein Vater senden wird in meinem Namen, der wird euch alles lehren und euch an alles erinnern, was ich euch gesagt habe.

Johannes 14,26 (L)

Wenn uns etwas verletzt hat, dürfen wir so vertrauensvoll zu Gott laufen wie ein kleines Kind zu seinen Eltern. Ja, mehr noch, Gott ist ein so liebevoller Vater, dass er schon oft zu uns gelaufen kam, wenn wir uns verletzt hatten. Wie und wodurch kommt er uns denn zu Hilfe? Durch den Tröster, den Heiligen Geist. Gott ist sich klar darüber, dass wir viel über ihn zu lernen haben. Der Heilige Geist ist unser Lehrer, er lehrt uns, wer und wie Gott ist. Er macht uns auch fähig, so zu leben, wie Christus es tat. Es sollte uns ein großer Trost sein zu wissen, dass Gott durch den Tröster für alles gesorgt hat, was wir brauchen, damit unser Christsein gelingt.

15

Testen Sie Gottes Gründlichkeit

Gott aber wird all eurem Mangel abhelfen.

Philipper 4,19a (L)

Dieser Vers ist sowohl eine Zusage als auch eine Herausforderung für uns. Die Zusage ist deutlich: Gott gibt mit vollen Händen, ihm liegt unser Wohl am Herzen, und er ist dabei auch noch gründlich: Für alles, was wir brauchen, will er sorgen. Schon die Erinnerung an diese Zusage kann unsere Angst weniger werden lassen. Aber der Vers aus dem Philipperbrief ist indirekt auch eine Herausforderung, weil er unser Vertrauen testet. Die Frage, die wir uns dabei stellen müssen, heißt nämlich: »Gott, traue ich dir wirklich zu, all meinen Mangel zu stillen?«

16

Haben Sie keine Angst, von Gott abgelehnt zu werden

Denn der HERR hat gesagt: »Ich will dich nicht verlassen und nicht von dir weichen.« So können auch wir getrost sagen: »Der HERR ist mein Helfer, ich will mich nicht fürchten; was kann mir ein Mensch tun?«

Hebräer 13,5b–6 (L)

Unsichere Menschen leben in ständiger Angst, von anderen abgelehnt zu werden. Ja, sie haben den Eindruck, sie seien ein Niemand und verdienten nichts als Ablehnung. Vielleicht ist ihre tiefste Angst sogar die, Gott könne sie ablehnen. Der Gedanke aber, dass Gott Menschen fallen lassen könnte, entbehrt jeder Grundlage. Unser Herr ist kein skrupelloser Drahtzieher, der Menschen für seine Zwecke benutzt, um sich dann von ihnen abzuwenden. Wir als seine Kinder bedeuten ihm sehr, sehr viel, und er hat versprochen, uns niemals hinauszuwerfen. Welch ein wundervoller innerer Friede erwächst aus dem Wissen: Bei Gott sind wir immer willkommen!

17

Ändern Sie die Perspektive

Euer Herz erschrecke nicht! Glaubt an Gott und glaubt an mich! In meines Vaters Hause sind viele Wohnungen. Wenn's nicht so wäre, hätte ich dann zu euch gesagt: Ich gehe hin, euch die Stätte zu bereiten? Und wenn ich hingehe, euch die Stätte zu bereiten, will ich wiederkommen und euch zu mir nehmen, damit ihr seid, wo ich bin. *Johannes 14,1–3 (L)*

Wir bringen uns oft um ein friedliches Dasein, weil wir die Perspektive verloren haben. Selbstsüchtig haben wir nur noch die zeitlichen Dinge dieser Welt im Blick. Aber das tägliche Jagen nach immer noch mehr im Leben bringt keine Befriedigung. Im Gegenteil, es bewirkt nur Unzufriedenheit. Unzählige Menschen bekommen schier keine Luft mehr, weil sie so sehr in weltliche Angelegenheiten verstrickt sind.

Bei einer Kamera erhalten wir erst dann ein scharfes Bild, wenn wir die Brennweite richtig einstellen. Vorher bleibt alles verschwommen und unscharf. Genauso bleibt ein Leben, das sich nur um sich selbst dreht, unscharf und verschwommen; es bringt immer wieder neue Enttäuschungen. In Wahrheit müssen wir Jesus ins Bild bekommen und unser Objektiv richtig auf ihn einstellen, weil eben nur er dieses flüchtige Leben mit Sinn füllen kann. Je schärfer unser Bild von Christus wird, desto fester werden wir schon jetzt auf seine Wiederkunft bauen.

18

Trauen Sie Gott zu, dass er Sie versorgt

Darum sollt ihr nicht sorgen und sagen: Was werden wir essen? Was werden wir trinken? Womit werden wir uns kleiden?

Matthäus 6,31 (L)

Immer wieder fallen wir einer schrecklichen Angewohnheit zum Opfer: Wir wären zu gerne in der Lage, alles im Voraus zu planen und obendrein sicherzustellen, dass alles nach diesem Plan verläuft. Wann immer etwas schief geht, sind wir tief verunsichert und durcheinander. Sind gar dringende Bedürfnisse betroffen, machen wir uns besonders große Sorgen. Statt völlig niedergeschlagen zu sein, sollten wir die Herausforderung sehen. Sie heißt: Jesus zuzutrauen, dass er weiß, was wir brauchen. Er hat versprochen, sich um uns zu kümmern und für uns zu sorgen. Nehmen Sie die Herausforderung doch an und lassen Sie stattdessen die besagte schlechte Angewohnheit sterben. Hören Sie auf »vorauszusorgen« und fangen Sie an »vorauszuglauben«.

TEIL ZWEI

Mit negativen Gefühlen umgehen lernen

19

Gehen Sie mit Ärger und Zorn nach Gottes Willen um!

Du sollst deinen Bruder nicht hassen in deinem Herzen, sondern du sollst deinen Nächsten zurechtweisen, damit du nicht seinetwegen Schuld auf dich ladest. Du sollst dich nicht rächen noch Zorn bewahren gegen die Kinder deines Volks. Du sollst deinen Nächsten lieben wie dich selbst; ich bin der HERR.

3. Mose 19,17–18 (L)

Diese Verse zeigen, dass es uns gut zu Gesicht stünde, den Nächsten oder Freund, der uns gekränkt hat, taktvoll zurechtzuweisen. Auf keinen Fall sollen wir nachtragend sein und an unserem Zorn festhalten oder gar auf Vergeltung sinnen. Die Rache ist Gottes Angelegenheit – nicht unsere! Wenn wir wegen einer früher erlittenen Verletzung Groll mit uns herumtragen, steckt unbewusst als Motiv immer der Wunsch nach Vergeltung dahinter, die geheime Hoffnung, mit dem, der uns verletzt hat, »quitt« zu werden.

Groll hegen und auf Rache sinnen sind Hauptursachen von Depression. Beide Haltungen nennt die Bibel Sünde.

Viele Ängste machen sich in unserem Leben breit, wenn wir unseren Ärger und Zorn unterdrücken und davor zurückschrecken, uns unseren unbewussten Rachegelüsten zu stellen. Wenn wir doch nur einsehen würden, dass es völlig normal ist, sich zu ärgern, und dass es ganz in Gottes Sinne ist (ja, dass uns dies sogar befohlen ist), den, der uns geärgert hat, offen zur Rede zu stellen! (Und zwar gemäß Epheser 4,26 am besten noch vor dem Zubettgehen!) Es würde uns sehr viel leichter fallen, den Menschen zu verzeihen, über die wir uns geärgert haben. Zudem könnten wir ihnen vielleicht sogar helfen, ihr verletzendes Verhalten zu ändern.

20

Geben Sie nicht auf!

Euer Herz verzage nicht, fürchtet euch nicht und erschreckt nicht und lasst euch nicht grauen vor ihnen; denn der HERR, euer Gott, geht mit euch, dass er für euch streite mit euren Feinden, um euch zu helfen. 5. Mose 20,3b–4 (L)

Halten Sie gerade Ausschau nach einem Ort, an den Sie sich zurückziehen können, weil Sie sich nur noch geschlagen geben wollen? Enttäuschung und Niedergeschlagenheit können ins Unerträgliche wachsen. Nehmen Sie zum Beispiel die Israeliten in unserem Text. Aus dem oben zitierten Abschnitt können wir schließen, dass es ihnen wirklich reichte. Voller Angst und Panik standen sie da, mit zitternden Knien. Sie waren mit ihrer Kraft einfach am Ende. Aber dann, genau im richtigen Moment, schickt Gott ihnen diese Mut machende Botschaft: »Gebt nicht auf!« Ist das nicht typisch für unseren Herrn? Mitten in Zeiten, in denen wir uns gar nichts mehr zutrauen, schenkt er uns genau das, was uns neuen Mut gibt.

Das hält Satan allerdings nicht von seinem Vorhaben ab, uns resignieren zu lassen. Wenn Sie auf ihn eingehen und nachgeben, wird er sein Ziel erreichen. Geben Sie also nicht etwa auf, sondern geben Sie sich stattdessen in Gottes Hand. Rufen Sie den Herrn um Beistand an und lassen Sie ihn Ihre Schlachten gewinnen. Er kann Enttäuschung in Erstaunen verwandeln, noch bevor Sie den Satz »Ich gebe mich geschlagen« über die Lippen gebracht haben.

21

Sie sind nicht allein

Ich will mit dir sein. Ich will dich nicht verlassen noch von dir weichen. *Josua 1,5b (L)*

Allein – sehen Sie sich das Wort bloß an! – Klingt es nicht schon trübsinnig? Sich allein zu fühlen ist furchtbar und raubt einem jede innere Gelassenheit. Zwar ist es unrealistisch zu meinen, dass man das Gefühl des Alleinseins ein für alle Mal in den Griff bekommen könnte, aber man kann ihm widerstehen. Wir sind nicht gezwungen, uns dem Selbstmitleid zu ergeben, in das uns das Gefühl des Alleinseins hinabziehen will. Gott ist mit uns und hat versprochen, dass er sich auch dann nicht zurückzieht und aussteigt, wenn der Weg schwer und steinig wird. Denken Sie einmal länger darüber nach: Wenn das stimmt, brauchen Sie sich nie wieder allein zu fühlen.

22

Überwinden Sie Ihre Entmutigung

Und als sie miteinander gingen und redeten, siehe, da kam ein feuriger Wagen mit feurigen Rossen, die schieden die beiden voneinander. Und Elia fuhr im Wetter gen Himmel. *2. Könige 2,11 (L)*

Biblische Personen scheinen immer von einer gewissen Aura umgeben zu sein. Wir stellen sie uns stark und sturmerprobt, aber auch einfühlsam und mutig vor. Für sie, so scheint es, war jeder Tag ein kühnes Abenteuer, an dem ihnen Unerreichbares und Unglaubliches gelang. Auf Elia will eine solche Beschreibung auf den ersten Blick durchaus zutreffen.

Aber Vorsicht! Dieser Prophet, der hier einen so dramatischen Abschied im Feuerwagen nimmt, hatte auch mit sehr lebensechten, menschlichen Gefühlen zu kämpfen. Und ausgerechnet Entmutigung stand dabei ganz oben auf seiner Liste. Einmal war er so niedergeschlagen, dass er Gott bat, ihn sterben zu lassen (1. Könige 19,4). Können Sie sich das vorstellen?

Das wirklich Erstaunliche an Elia ist nämlich nicht, dass er einer der Superstars des Alten Testaments ist, sondern auf welch bemerkenswerte Weise er seine tiefe Entmutigung überwunden hat.

Bevor sein Leben wirklich endete, stand er wieder so fest mit beiden Beinen im Leben, dass Gott ihn zu neuen, kühnen Taten gebrauchen konnte. Auch wir können der Entmutigung die Stirn bieten: Wenn wir mit der Erwartungshaltung leben, dass Gott unsere körperlichen, seelischen und geistlichen Bedürfnisse stillen kann und wird. Dank Christus dürfen wir uns ausmalen, dass auch wir wie in einem feurigen Wagen durch jeden unserer Tage fahren. So können wir den Herausforderungen des Lebens mit einer positiven Einstellung begegnen.

23

Stellen Sie sich Ihrer Angst

Der HERR ist mein Licht und mein Heil;
vor wem sollte ich mich fürchten?
Der HERR ist meines Lebens Kraft;
vor wem sollte mir grauen?

Psalm 27,1 (L)

Wir lassen uns zu schnell von unseren Gefühlen aus der Fassung bringen. Wenn wir jeder Gefühlslaune immer gleich nachgeben, verlieren wir schnell unser inneres Gleichgewicht. Bei aller Sehnsucht nach Frieden und Gelassenheit muss es außerdem etwas in der menschlichen Natur geben, das Freude daran hat, in uns das Gespenst der Angst zu entfesseln. Millionen von Menschen lassen sich schließlich gerne von aufregenden Filmen und Gruselgeschichten in Angst und Schrecken versetzen. Sie haben ihr Vergnügen daran, alles zu lesen, was Spannung verspricht.

Spannende, frei erfundene Geschichten sind in der Regel ja auch unterhaltsam und schaden uns nicht. Auf die frei erfundenen Ängste, die uns unsere Gefühle so oft vorgaukeln, sollten wir dagegen lieber nicht hören! Wir besitzen einen festen, realen Halt in diesem Leben. Und Gott sei Dank, selbst wenn wir zu schwach sein sollten, uns festzuhalten: Er lässt uns nie los!

24

Erleben Sie Sicherheit besonderer Art

Denn der HERR ist deine Zuflucht, du hast dir den Höchsten als Schutz erwählt. Dir begegnet kein Unheil, kein Unglück naht deinem Zelt. Denn er befiehlt seinen Engeln, dich zu behüten auf allen deinen Wegen.

Psalm 91,9–11 (E)

Ein von Ängsten geplagter Mensch, der nicht glaubt, hat keine Zuflucht und keinen wirklichen Frieden. Wer glaubt, besitzt dagegen einen Zufluchtsort, selbst wenn er Angst hat. Wer glaubt, kann echten Frieden und wirkliche Gelassenheit finden, weil Gott unsere Zuflucht ist. Der Herr hat uns Sicherheit versprochen, wenn wir zu ihm hinlaufen.

Glaubende wie nicht glaubende Menschen können unter Ängsten leiden, aber nur glaubende Menschen können bei Gott ausruhen und Sicherheit finden. Sie wissen, dass Gott uns von der Anstrengung befreit, unsere Lasten alleine zu tragen. Er trägt unsere Lasten für uns. Ja, oft trägt er nicht nur unsere Last, sondern uns selbst.

25

Denken Sie immer wieder darüber nach, wie wichtig Sie Gott sind

HERR, du erforschest mich und kennest mich. Ich sitze oder stehe auf, so weißt du es; du verstehst meine Gedanken von ferne. Ich gehe oder liege, so bist du um mich und siehst alle meine Wege. Denn siehe, es ist kein Wort auf meiner Zunge, das du, HERR, nicht schon wüsstest. Von allen Seiten umgibst du mich und hältst deine Hand über mir. Diese Erkenntnis ist mir zu wunderbar und zu hoch, ich kann sie nicht begreifen.

Psalm 139,1–6 (L)

Haben Sie sich schon einmal gegen das schmerzhafte Gefühl wehren müssen, ungeliebt und bedeutungslos zu sein? Wenn ja, dann betrachten Sie einmal genau die Aussage, die diesem Psalm zugrunde liegt: Gott hat ein unendlich großes Interesse an Ihnen und ebenso am kleinsten Detail Ihres Lebens: Sie sind unermesslich geliebt. Diese Tatsache ist wirklich zu wunderbar, um sie zu begreifen! Es gibt für diese Liebe keine Erklärung.

Gottes Liebe zu uns ist bedingungslos; wir müssen weder etwas leisten noch etwas vorweisen, um seine Liebe und Fürsorge auf uns zu lenken.

Gott kennt unsere unausgesprochenen Gedanken und Wünsche, und selbst wenn diese böse sein sollten, liebt er uns in alle Ewigkeit. Das ist wohl wert, dass wir immer wieder neu darüber nachsinnen und unsere Gedanken darum kreisen lassen.

26

Lassen Sie Ihr inneres Licht brennen

Spräche ich: Finsternis möge mich decken und Nacht statt Licht um mich sein –, so wäre auch Finsternis nicht finster bei dir, und die Nacht leuchtete wie der Tag. Finsternis ist wie das Licht.

Psalm 139,11–12 (L)

Einer der zahlenmäßig größten Vereine Amerikas, wenn auch ohne feste Mitgliedschaft, dürfte der Club der Schlaflosen sein. Millionen von Amerikanern zahlen jede Nacht still und heimlich ihren Mitgliedsbeitrag, wenn sie das Licht ausgeschaltet und sich zugedeckt haben. Die Dunkelheit ist so laut wie grollender Donner. Sie wird immer lauter und unerträglicher und wie zu einem Aufschrei. Der Schlaf aber will und will nicht kommen. Es ist ein qualvoll sich hinziehender Prozess.

Wenn es Ihnen auch so geht, dann brauchen Sie ein Nachtlicht, das anbleibt. Eigentlich ist es eher wie ein inneres Licht, nämlich eines, das sagt: »Ich darf jetzt sicher ruhen, denn bei Gott gibt es keine Nacht!« Bevor Sie es recht wissen, wird das Nächste, was an Ihr Auge dringt, das Sonnenlicht des nächsten Morgens sein.

27

Sorgen Sie sich nicht um unabänderliche »Defekte«

Denn du hast meine Nieren bereitet und hast mich gebildet im Mutterleibe. Ich danke dir dafür, dass ich wunderbar gemacht bin; wunderbar sind deine Werke; das erkennt meine Seele. Es war dir mein Gebein nicht verborgen, als ich im Verborgenen gemacht wurde, als ich gebildet wurde unten in der Erde. Deine Augen sahen mich, als ich noch nicht bereitet war, und alle Tage waren in dein Buch geschrieben, die noch werden sollten und von denen keiner da war.

Psalm 139,13–16 (L)

Machen Ihnen Mängel körperlicher oder geistiger Art zu schaffen, die sich nicht ändern lassen? Wünschten Sie sich, Sie hätten einen höheren IQ? Leiden Sie an einer erblich bedingten Krankheit oder unter einem genetischen Fehler? Wünschten Sie sich, Sie wären kleiner, größer oder einfach nur anders?

In unserem Bestreben, in jeder Hinsicht perfekt zu sein, vergessen wir manchmal, dass die unveränderlichen Charakteristika, die wir besitzen, von Gott entworfen sind. Niemand von uns ist die perfekte Ausgabe der Spezies Mensch.

Der Herr gab jedem von uns einige Stärken und einige Schwächen. Außerdem kann er sowohl unsere Pluspunkte als auch unsere Minuspunkte benutzen, um seinen Namen zu verherrlichen.

Daher sollten wir unsere emotionale Energie nicht an das Grübeln über unabänderliche Schwächen und Mängel verschwenden, sondern sie auf etwas anderes konzentrieren: Wir sollten Gott die Freiheit einräumen, aus unserem Leben zu machen, was er für möglich hält.

28

Legen Sie Ihre unbewussten Gedanken offen

Erforsche mich, Gott, und erkenne mein Herz; prüfe mich und erkenne, wie ich's meine. Und sieh, ob ich auf bösem Wege bin, und leite mich auf ewigem Wege.

Psalm 139,23–24 (L)

Welch eine tiefe Einsicht – Gott unsere innersten Gedanken erforschen zu lassen! In manchen Fällen wohnt unter der Oberfläche unserer Gefühle nämlich ein Verhaltensmuster, das uns schadet. Unser Tun und Handeln lässt erkennen, dass etwas nicht in Ordnung ist, aber wir können nicht genau bezeichnen, woran es liegt. Die Antwort liegt tiefer. In unserem Herzen hat sich ein unbewusster Gedanke eingenistet. Und da es das Herz ist, aus dem meist die Motive für unser Handeln kommen (Herz = Verstand + Gefühl + Wille), gehen wir, wenn unser Herz durch düstere Gedanken vernebelt ist, eben auf »bösem Wege« statt auf »ewigem Wege«. Wenn wir Gott im Gebet bitten, unsere tiefsten Gefühle in sein Scheinwerferlicht und unter seine Leitung zu stellen, können wir auf den richtigen Weg zurückgebracht werden – der zugleich der Weg von Heiterkeit und Gelassenheit ist! – Bei Gott lohnt sich Transparenz.

29

Verbieten Sie sich das Sorgen als Lebenshaltung

Wer von euch kann mit all seiner Sorge sein Leben auch nur um eine kleine Zeitspanne verlängern? Wenn ihr nicht einmal etwas so Geringes könnt, warum macht ihr euch dann Sorgen um all das Übrige?

Lukas 12,25–26 (E)

Wie viel ist nicht schon darüber geschrieben und gesprochen worden, wie absurd es ist, sich Sorgen zu machen. Viele von Ihnen nicken sicher schon zustimmend. Ja mehr noch, Sie geben zu, dass Sie solche Sätze immer wieder neu hören müssen. Lassen Sie uns versuchen, das Thema diesmal in einem anderen Licht zu sehen.

Irgendwie hat sich in uns die Überzeugung festgesetzt, dass wir schon eine Lösung finden werden, je mehr wir uns Gedanken über etwas machen. Dem ist aber nicht so! Es ist doch viel eher der Fall, dass das meiste, worüber wir uns den Kopf zerbrechen, noch gar nicht existiert, geschweige denn, dass es einer Lösung bedürfte. Wahr ist vielmehr, dass wir unsere Sorgen nur allzu gern fest an uns pressen und sie liebevoll im Arm wiegen, weil wir meinen, dass sie uns Trost geben. Schließlich aber regen sie uns so sehr auf, dass die gefürchtete Spirale des Sorgens eine neue Stufe erreicht.

Bezeichnen Sie das Sorgen stattdessen als das, was es ist: als ein Kreisen um sich selbst! Und da so etwas keinerlei Lösungen bietet, erwarten Sie bitte auch keine davon. Suchen Sie sie stattdessen bei Christus.

30

Räumen Sie Unklarheiten aus dem Weg

Gott schafft doch nicht Unordnung, sondern Frieden.

1. Korinther 14,33 (GN)

An manchen Tagen ist das Leben von erstaunlicher Klarheit, an anderen Tagen ist es ein reiner Irrgarten und kann wirklich sehr verwirrend werden. Plötzlich umgeben uns Zweifel wie dichter Nebel, und uns ist völlig unklar, was als Nächstes zu tun ist. Unserer Verwirrung folgt die Anspannung auf den Fersen – auch so ein beliebter Räuber inneren Friedens. Gott ist der Einzige, der den Nebel, der sich auf unsere Augen gelegt hat, auflösen und an die Stelle der Anspannung ein Augenzwinkern setzen kann: den Hoffnungsschimmer geistlichen Durchblicks.

31

Geben Sie der Bitterkeit keinen Raum

Alle Bitterkeit und Grimm und Zorn und Geschrei und Lästerung seien fern von euch samt aller Bosheit.

Epheser 4,31 (L)

Die Bitterkeit wird sich nie damit abfinden, klein zu bleiben. Sie ist nie damit zufrieden, nur ein kleiner Groll zu sein, sondern nährt sich von jedem Ärger, den wir mit uns herumtragen, und kann so immer weiterwachsen. Die Bitterkeit zu ignorieren oder so zu tun, als ob es sie nicht gäbe, lässt sie erst recht tiefe Wurzeln schlagen. Zuerst wachsen ihre Wurzeln noch eine Zeit lang unter der Oberfläche, eines Tages jedoch werden sie zu einem zerstörerischen Baum des Zorns in die Höhe schießen. In der Zwischenzeit ist es längst um unseren inneren Frieden geschehen und um eine gute seelische Gesundheit ebenso. Lassen Sie daher bereits die Knospe der Bitterkeit erfrieren; suchen Sie instinktiv nach Vergebung und erteilen Sie sie großzügig. Ein süßer und guter Boden bringt selten bittere Früchte hervor.

TEIL DREI

Gewonnene Einsichten in die Tat umsetzen

32

Lernen Sie aus Gottes Prüfungen

Fürchtet euch nicht! Gott ist gekommen, um euch auf die Probe zu stellen. Die Furcht vor ihm soll über euch kommen, damit ihr nicht sündigt. *2. Mose 20,20 (E)*

Diese Worte stammen von Mose. Wir können sie in die Tat umsetzen, indem wir Satan nicht länger erlauben, uns in paranoide Ängste vor Gott zu stürzen. Gott ist nicht unser Feind. Wir brauchen uns vor ihm nicht zu ängstigen.

Trotzdem sollten wir eines nicht vergessen: Gott lässt zu, dass es in unserem Leben immer wieder einmal zu schwierigen Situationen kommt, weil er unseren Glauben auf die Probe stellen will. Ein solches geistliches Examen unseres Glaubens an Gott kann sich als sehr hilfreich erweisen. Es kann uns helfen, unsere Prioritäten zu ordnen. Es kann uns z. B. die Einsicht vermitteln, dass wir persönlich etwas an unserer Beziehung zu Gott und zu anderen Menschen zu ändern haben. Gottes Tests sind als Ermutigung gedacht und als Erinnerung daran, Gott und sein Wort zu achten und zu ehren. Als Konsequenz werden wir unser Leben so umgestalten, dass wir im Glauben und in der Erkenntnis Gottes wachsen und dadurch Sünde meiden können.

33

Lassen Sie Gott ans Steuer

So vertrage dich nun mit Gott und mache Frieden; daraus wird dir viel Gutes kommen.

Hiob 22,21 (L)

Sich mit Gott zu streiten ist das Unsinnigste, was ein Mensch tun kann. Natürlich würden Sie und ich so etwas nie tun. Oder etwa doch? – Die Wahrheit lautet, dass wir alle gern selbst an den Schalthebeln unseres Lebens sitzen wollen. Jedenfalls möchten wir nicht, dass Gott irgendeinen Knopf drückt, der unsere eigenen schönen Pläne gefährden könnte. Gott darf nur vom Rücksitz aus mitsteuern, denn von da hinten stört er uns viel weniger. Wenn wir allerdings einen Unfall gebaut haben, wollen wir selbstverständlich von Gott die volle Erklärung, warum er das hat zulassen können. Seine Antwort heißt wie immer: »Lass mich doch ans Steuer!« Mit anderen Worten: Einigen Sie sich heute mit Gott darauf, dass Sie von jetzt an ihm ganz die Kontrolle überlassen.

34

Meditation als Weg zu innerem Frieden

Wohl dem, der Lust hat am Gesetz des HERRN und sinnt über seinem Gesetz Tag und Nacht! Der ist wie ein Baum, gepflanzt an den Wasserbächen, der seine Frucht bringt zu seiner Zeit, und seine Blätter verwelken nicht. Und was er macht, das gerät wohl.

Psalm 1,2-3 (L)

Das Wort, das hier steht, hätte eigentlich viel mehr Tinte verdient: *nachsinnen* – wir sagen heute oft: meditieren. Vielleicht haben uns die fremdartigen Rituale östlicher Religionen ja misstrauisch gemacht gegenüber der Meditation. Das ist verständlich, und doch kann uns eine totale Missachtung dieser verlorenen Kunst geistlich einseitig werden lassen. Meditation ist der Inbegriff inneren Zur-Ruhe-Kommens und inneren Friedens.

Für ein biblisches Meditieren sind weder Zeremonien bei Kerzenschein noch Yogastellungen auf orientalischen Teppichen vonnöten. Es geht vielmehr um Folgendes: Wir sollen dem Wort Gottes gestatten, dass es unser Inneres durchdringt und sich wie die Kaskaden eines Wasserfalls durch unsere Gedanken ergießt, bis jeder glitzernde Tropfen in eine schimmernde, stille Oase für die Seele mündet.

Die biblische Meditation ist die reinste Form der Weltflucht, die sich finden lässt, und sie darf nicht nur als durchaus erlaubt gelten, sondern sogar als höchst empfehlenswert, weil sie uns die tiefste und wahrste Einsicht in die Wirklichkeit schenkt.

35

Legen Sie Ruhezeiten ein

Sei still vor dem HERRN und harre auf ihn!

Psalm 37,7 (E)

Wir bekommen längst nicht genug Ruhe – d. h. nicht genug geistliche Ruhe. Die alltägliche Hektik, in der viele von uns leben, ist ein Anzeichen dafür, dass sich in unserem Innern ein noch schnelleres Karussell dreht. Wenn der Druck wächst (sei es, dass ein operativer Eingriff ansteht, neue Karrierechancen sich abzeichnen, Prüfungen bevorstehen, plötzliche Notfälle oder gar tragische Ereignisse eingetreten sind), rotieren wir innerlich wie der Quirl einer Küchenmaschine.

Lernen, wie man richtig zur Ruhe kommt, ist offenbar harte Arbeit. Wir meinen, wir vernachlässigten unsere Pflichten, wenn wir einfach nur still zu Jesu Füßen sitzen. Wir sind überzeugt davon, dass wir wie Marta ständig beschäftigt sein müssen: Arbeit, Arbeit und noch mal Arbeit. Zu den Marias dieser Welt, die in der Lage sind stillzusitzen, obwohl es doch so vieles zu erledigen gäbe (und so vieles, worum man sich eigentlich Sorgen machen müsste), finden wir überhaupt keine Beziehung.

Zeiten geistlicher Ruhe einzulegen ist nicht gleichbedeutend mit Faulheit. Es bedeutet auch nicht, dass wir uns aus unserer Verantwortung stehlen. Wir können es in der ruhigen Gewissheit tun, dass Gott seinem Plan nicht hinterherläuft, sondern immer pünktlich kommen wird.

36

Weisheit erwerben und üben

Mein Sohn, lass sie nicht aus deinen Augen weichen, bewahre Umsicht und Klugheit! Das wird Leben sein für dein Herz und ein Schmuck für deinen Hals. Dann wirst du sicher wandeln auf deinem Wege, so dass dein Fuß sich nicht stoßen wird. Legst du dich, so wirst du dich nicht fürchten, und liegst du, so wirst du süß schlafen.

Sprüche 3,21–24 (L)

Weisheit ist und bleibt ein hoch geschätzter, aber seltener Artikel. Dass sie so rar ist, liegt nicht zuletzt daran, dass kaum jemand wirklich etwas über sie weiß. Dieses Kronjuwel der menschlichen Charaktereigenschaften kann man sich nur von Gott schenken lassen. Und nur der kann es empfangen, der sich auf das ehrfürchtige Abenteuer der Anbetung Gottes einlässt. Selbst dann scheint es die Weisheit nur in einzelnen Raten zu geben. Und Gewinn läuft sogar nur dann auf, wenn man sie anwendet.

Die praktische Anwendung gottgegebener Einsichten kann uns Sicherheit, seelisches Gleichgewicht und einen erholsamen Schlaf schenken – kurz: das Gegenteil von Angst. So hat auch die Weisheit ihren Platz im Gesamtbild dessen, was zu Frieden und Gelassenheit führt. Machen Sie sich auf die Suche nach diesem unbezahlbaren Schatz und machen Sie Gebrauch von ihm!

37

Säen Sie Ermutigung

Kummer im Herzen bedrückt den Menschen,
ein gutes Wort aber heitert ihn auf.

Sprüche 12,25 (E)

Nervöse Anspannung, Gereiztheit, ständiges Sorgen, schlechter Schlaf, Schweißausbrüche, Kopfschmerz, Hyperventilation, Reizmagen, Herzrasen, häufiges Wasserlassen, Impotenz und Frigidität – das sind Symptome der Angst. Angst steht als Ursache nicht nur hinter körperlichen Krankheitsbildern, sondern auch hinter dem größten Teil seelischer Erkrankungen. Wir sollten deshalb ohne Umschweife die Schuld da suchen, wo sie liegt, und die Angst als Ursache benennen. Genau diese Angst ist in der Heiligen Schrift gemeint, wenn von Kummer im Herzen die Rede ist.

Das Rezept zur Genesung von Angst heißt Ermutigung. Wenn das Gesetz von Saat und Ernte noch Gültigkeit besitzt (und wer wollte das bezweifeln), dann kann man sich darauf verlassen, das als Ertrag zu ernten, was man gepflanzt hat. Ermutigen Sie also andere, und Sie werden Früchte ernten, die Ihre Freundlichkeit gedeihen lassen. Obendrein werden Sie Ihrerseits von den anderen Ermutigung ernten, die Ihnen zeigen wollen, wie gut ihnen Ihre liebevolle Art tut. Und plötzlich werden alle Symptome vergessen sein.

38

Reagieren Sie auf Warnungen des Gewissens

Die Sünder in Zion beginnen zu zittern, ein Schauder erfasst die ruchlosen Menschen.

Jesaja 33,14 (E)

Es gibt eine gesunde Furcht vor Gott – die Ehrfurcht. Wenn Christen sich einen Lebensstil zulegen, der nur eigenen Begierden folgt, dann gehört der Gewissensdruck, der durch die Schuld entsteht, zu Gottes einzigartigem Alarm- und Warnsystem für unsere Seele. Sollten wir die Warnungen, die er uns durch unser wachsendes Schuldbewusstsein schickt, in den Wind schlagen, wird das mit Sicherheit noch größere innere Spannungen zur Folge haben, und schlussendlich zum völligen Verlust unseres inneren Friedens führen.

Freiheit entsteht hingegen da, wo man der Stimme des Geistes Gottes gehorsam ist. Die drückende Last, die so schnell durch Sünde entsteht, löst sich in Luft auf.

Sich von Angst geplagt in den Ketten der Sünde wieder zu finden, ist nicht gerade die große Sause, die man unbedingt erlebt haben muss. Vielmehr gilt: Erst wenn solche Ketten durch die vergebende Liebe Gottes zerbrochen sind, kann das Fest des Lebens wirklich beginnen.

39

Setzen Sie Ihren Glauben ein

Warum habt ihr solche Angst,
ihr Kleingläubigen? *Matthäus 8,26 (E)*

Haben Sie verstanden, was dieser Vers sagen will? Angst kommt aus kränkelndem Glauben. Um es geradeheraus zu sagen: Angst folgt, wenn wir nicht genug »Mumm in den Knochen« haben, um das Maß an Glauben in die Tat umzusetzen, das in uns bereits existiert. Unser Problem liegt gar nicht in der Stärke oder Schwäche unseres Glaubens, sondern darin, dass wir den Glauben, den wir haben, nicht einsetzen.

Jesus hat gesagt, dass ein Glaube, der nicht größer als ein Senfkorn ist, ausreicht, das Unmögliche zu tun – aber natürlich nur, wenn er in Aktion tritt. Noch einmal: Wenn unser Glaube nicht lebendig ist, ist es eigentlich kein Glaube. Wir hegen viele Träume und Wünsche, die deshalb noch lange keine Berge versetzen. Aber wenn jemand glaubt – wirklich glaubt – und danach handelt, verschwinden die Befürchtungen und der Sieg tritt ein. Versuchen Sie, Ihren Glauben zu gebrauchen, statt immer nur nach mehr Glauben zu schielen.

Das Seltsame an einem Glauben, der hart arbeiten darf, ist, dass er sich selbst vermehrt.

40

Zum Frieden muss man sich entschließen

Den Frieden lasse ich euch, meinen Frieden gebe ich euch. Nicht gebe ich euch, wie die Welt gibt. Euer Herz erschrecke nicht und fürchte sich nicht. *Johannes 14,27 (L)*

Gottes wundervoller Friede steht uns in diesem Moment zur Verfügung. Um ihn aber tatsächlich zu besitzen, ist der bewusste innere Entschluss nötig, sich diesen Frieden zu Eigen zu machen. Die Gefühle der Traurigkeit, Hilflosigkeit, Hoffnungslosigkeit, Wertlosigkeit und Einsamkeit beruhen ebenfalls auf einer bewussten Wahl. Unglücklicherweise scheint es heutzutage weitaus populärer, sich für sie zu entscheiden.

Verstehen Sie dieses bitte nicht falsch. Friede kann nicht allein dadurch erlangt werden, dass wir uns sagen: »Also gut, ich werde ab jetzt einfach nicht mehr niedergeschlagen sein. Ich werde innerlich ruhig sein.« Nein, es sich so einfach machen zu wollen, macht die Enttäuschung nur größer. Der innere Frieden entgleitet uns, solange wir nicht den festen Entschluss fassen, ihn zu besitzen. Aber nur wenige treffen eine derart kompromisslose Wahl.

Unsere todkranke Welt hat es gelernt, mit Leid und Gefühlstumulten fertig zu werden, indem sie einen selbst fabrizierten und als »Frieden« etikettierten Schnellverband anlegt.

So kann kein bleibender Friede kommen. Und doch bleibt der Friede dieser Welt das, wofür sich die große Masse der Menschen entscheidet – ein leeres, vergebliches Dasein.

Es gibt eine Alternative, die das tiefe Übel des menschlichen Herzens heilen kann. Sie besteht in dem Frieden, den Gott uns dann schenkt, wenn wir uns entscheiden, unser Leben nach der Rezeptur dieses größten aller Ärzte zu leben.

41

Halten Sie an der Hoffnung fest

Wir sind von allen Seiten bedrängt, aber wir ängstigen uns nicht. Uns ist bange, aber wir verzagen nicht. Wir leiden Verfolgung, aber wir werden nicht verlassen. Wir werden unterdrückt, aber wir kommen nicht um.

2. Korinther 4,8-9 (L)

Zu Boden gestreckt, aber nicht k. o. geschlagen – so hat einmal jemand die Situation beschrieben, die in diesen Versen zum Ausdruck kommt. Unsere Hoffnung kann sich sehr rasch verdunkeln, wenn das Leben mit seinen oft seltsamen Wendungen Hiebe gegen uns austeilt. Wer fragt noch nach Hoffnung, wenn er von Schmerz, Leid oder schwerem Verlust heimgesucht worden ist? Wer kann es kaum abwarten, noch einmal von vorne zu beginnen? Die Antwort heißt: fast niemand.

Es ist wie bei einem Boxer, auf den elf Runden lang die Schläge nur so eingetrommelt sind: Wenn er schließlich zu Boden stürzt, fühlt sich das in gewisser Weise geradezu gut an – gut genug jedenfalls, um einen völlig benommenen Menschen liegen bleiben zu lassen. Noch vier Runden weiterzukämpfen hat eigentlich jeden Reiz verloren. Warum bloß versucht ein solcher Mann verzweifelt, wieder aufzustehen? Die Antwort heißt: Er hofft immer noch darauf zu gewinnen.

Die Hoffnung, die Gottes Kindern verheißen ist, ist nicht wie ein unerreichbarer Wunschtraum. An unserer Hoffnung ist nichts unsicher. Wenn wir uns ganz fest an unsere Hoffnung klammern, dann deshalb, weil der Sieg bereits uns gehört. Alles, was wir tun müssen, ist nicht aufgeben, sondern weiterkämpfen. Denn wer wird den letzten entscheidenden Schlag austeilen? Die Antwort heißt: Gott.

42

Sorgen gestattet

Ich habe keinen Gleichgesinnten, der so aufrichtig um eure Sache besorgt ist.

Philipper 2,20 (E)

Das griechische Wort, das wir sonst als »Angst, Besorgnis, Sorge« übersetzen, wird in diesem Vers ganz offensichtlich in einem positiven Sinne verwendet. Das geschieht nicht nur an dieser Stelle. Das griechische Neue Testament gebraucht in etwa fünf von fünfundzwanzig Fällen das Wort in dieser positiven Bedeutung. Dort ist von einem realistischen, einem angemessenen Sich-Sorgen-Machen bzw. Für-etwas-Sorge-Tragen die Rede.

Das heißt also: Sorge in Form eines angemessenen Sich-um-etwas-Sorgen ist gesund. Es ist ungesund, wenn damit ein nervenaufreibendes Kreisen um unsere Sorgen gemeint ist wie in Philipper 4,6 (»Sorgt euch um nichts«).

Psychologische Untersuchungen haben erwiesen, dass eine solche Unterscheidung richtig ist. Wenn Angestellte eines Betriebes sich Gedanken um ihre Arbeit machen müssen, arbeiten sie effizienter. Wer durchaus etwas besorgt war, erholt sich nach einer Operation besser als der, der ihr völlig sorglos oder aber mit großer Angst entgegensah.

Dieses Konzept kommt auch in 2. Korinther 4,8-9 zum Ausdruck:

»Wir sind von allen Seiten bedrängt, aber wir ängstigen uns nicht. Uns ist bange, aber wir verzagen nicht. Wir leiden Verfolgung, aber wir werden nicht verlassen. Wir werden unterdrückt, aber wir kommen nicht um.«

Natürlich machte sich der Apostel Paulus realistische Sorgen in solchen Lebenslagen, aber aufgrund der Gegenwart Jesu wurde er von der Angst nicht erdrückt. Mit dieser Wahrheit können wir uns hier und heute identifizieren. Auch wir sollen das Leben mit realistischen Augen sehen und können mit echter Anteilnahme und Sorge reagieren – so, dass sie authentisch und menschlich ist, aber nicht so, dass sie unserem geistlichen Leben schadet.

43

Seien Sie zufrieden

Die Frömmigkeit aber ist ein großer Gewinn für den, der sich genügen lässt.

1. Timotheus 6,6 (L)

Es scheint, dass Zufriedenheit bzw. Genügsamkeit heutzutage ein seltener Besitz ist. Hier in diesem Vers macht der Apostel Paulus Timotheus Mut, zufrieden zu sein mit dem, was er an materiellen Dingen besitzt. Welch eine gute Lektion für uns! Ohne eine solche Genügsamkeit kann sich das Krebsgeschwür der Angst nämlich besonders gut ausbreiten.

Der Rat, sich genügen zu lassen, kann für viele Bereiche unseres Lebens von Belang sein, uns von Stress befreien und innerlich zur Ruhe kommen lassen. Wahrscheinlich sind Sie auch schon einmal dem Satz begegnet: »Ich werde mir wohl immer etwas mehr wünschen, als ich habe.« Welch eine schmerzhafte Erinnerung daran, wie anfällig wir für Unzufriedenheit und Undankbarkeit sind, trotz all der Dinge, die wir unser Eigen nennen! Dabei gibt es ein hilfreiches, leicht anzuwendendes Werkzeug, mit dem wir unserer Zufriedenheit Ausdruck geben können: Legen wir uns doch einfach eine kleine Liste der vielen segensreichen Dinge an, für die wir dankbar sein dürfen (Gesundheit, Beruf, Freunde, Familie, unsere Errettung durch Jesus Christus, unser Land, unseren materiellen Besitz).

Natürlich muss diese Liste unsere ehrlichen Empfindungen wiedergeben, sonst ist sie das Papier nicht wert, auf dem sie steht.

Wenn wir uns in echter Zufriedenheit üben, können wir den erwähnten Satz umwandeln in: »Was ich haben darf, ist mehr, als ich mir je gewünscht habe.«

44

Streben Sie nach Gnade und Barmherzigkeit

Gnade, Barmherzigkeit, Friede von Gott, dem Vater, und Christus Jesus, unserm HERRN!

2. Timotheus 1,2 (L)

Lernen Sie die Schwestern des Friedens kennen: die Gnade und die Barmherzigkeit. Die erste steht für die Fähigkeit, anderen zukommen zu lassen, was sie nicht verdient haben; die zweite für die Fähigkeit, anderen den Tadel vorzuenthalten, den sie verdient hätten. Wenn diese beiden Eigenschaften in unser Leben hineingewoben sind, wird das Endresultat Friede heißen.

Gott ist der Einzige, dem Gnade und Barmherzigkeit als Eigenschaften in vollkommener Weise zur Verfügung stehen, weil sie zutiefst seinem Wesen entsprechen. Diese zwei kostbaren Schmuckstücke liegen im Grunde jenseits unserer menschlichen Fähigkeiten. Wenn wir fähig werden sollen, Wesenszüge an den Tag zu legen, die ausschließlich Gott entsprechen, dann müssen wir von Gott selbst damit ausgestattet werden.

Die Heilige Schrift sagt, dass Gott dem Demütigen Gnade hinzuschenkt (Jakobus 4,6) und dass Barmherzigkeit durch Gebet erlangt werden kann (Hebräer 4,16).

Wenn wir also mit Zuversicht den Herrn im Gebet suchen, können wir Gnade und Barmherzigkeit empfangen zu der Zeit, wenn wir selbst Hilfe nötig haben, und werden andererseits fähig, auch anderen Gnade und Barmherzigkeit zu erweisen. Die dritte der Schwestern – der tiefe innere Friede – folgt den ersten beiden immer auf dem Fuße.

45

Die Geduld wachsen lassen

Meine lieben Brüder, erachtet es für lauter Freude, wenn ihr in mancherlei Anfechtungen fallt, und wisst, dass euer Glaube, wenn er bewährt ist, Geduld wirkt. Die Geduld aber soll ihr Werk tun bis ans Ende, damit ihr vollkommen und unversehrt seid und kein Mangel an euch sei.

Jakobus 1,2–4 (L)

Anfechtungen können entweder Angst auslösen oder – wie hier steht – Geduld bewirken. Sie können uns entweder kaputtmachen oder uns zur Hilfe werden. Mit anderen Worten können Anfechtungen also unserem Glauben Standfestigkeit geben. Dann, so heißt es, lasse sich unser Glaube mit Gold vergleichen. Mehr noch: Es heißt, er sei sogar noch wertvoller als Gold, denn er ist unvergänglich.

Die Erkenntnis, dass Gott Anfechtungen und Nöte dazu gebrauchen kann, unsere Geduld wachsen zu lassen, ist vielleicht der beste Zugang zum Verstehen all der Fragen nach dem Warum, die sich in jeder Notlage stellen. Wenn wir lernen könnten, einen Moment zurückzutreten und unsere Situation mit etwas Abstand zu betrachten, könnten wir sehen, dass Gott in uns an der Arbeit ist.

Das wird die Schwierigkeit unserer Lage nicht beheben, aber es könnte einen Funken der Freude in uns anzünden. Wenn nämlich durch solche Anfechtungen Prozesse in Gang gesetzt werden, durch die die Geduld tiefe Wurzeln in unserem Leben schlagen kann, wird uns das nicht nur mehr Frieden und Gelassenheit geben, sondern uns im Nachhinein sogar zu besseren Menschen machen.

46

Merzen Sie die Heuchelei aus

Die Weisheit aber von oben her ist zuerst lauter, dann friedfertig, gütig, lässt sich etwas sagen, ist reich an Barmherzigkeit und guten Früchten, unparteiisch, ohne Heuchelei. Die Frucht der Gerechtigkeit aber wird gesät in Frieden für die, die Frieden stiften.

Jakobus 3,17–18 (L)

Das griechische Wort für Heuchler – »Hypokrit« – entstand ursprünglich als ein Ausdruck für Schauspieler im klassischen griechischen Theater. Im antiken Griechenland verkörperte ein »Hypokrit« auf der Bühne zunächst eine bestimmte Rolle, für die er eine entsprechende Maske trug. Dann verschwand er von der Bühne, wechselte nur diese Maske und erschien wieder, um eine völlig andere Rolle zu spielen.

Heutzutage ist der Auftritt eines Heuchlers durchaus nicht so rar und einzigartig. Die Heuchelei im wirklichen Leben hat allerdings ihren Preis. Die Anspannung, die der Versuch mit sich bringt, zwei verschiedene Personen zugleich zu sein, ist ausgesprochen abträglich für unseren inneren Frieden. Echtheit heißt die Eigenschaft, die uns von der Schauspielerei befreit.

47

Vom weisen Umgang mit Leiden

Der Gott aller Gnade aber, der euch berufen hat zu seiner ewigen Herrlichkeit in Christus Jesus, der wird euch, die ihr eine kleine Zeit leidet, aufrichten, stärken, kräftigen, gründen.

1. Petrus 5,10 (L)

Leid tragen ist etwas anderes als täglich unser Kreuz zu tragen. Ein Kreuz zu tragen ist Kennzeichen von Jüngerschaft und ein Prüfstein unserer Unterordnung unter den Willen Gottes. Leid ist oft eine Folge davon, dass wir unser Kreuz in Treue tragen. Auf dem Weg dahin, Christus ähnlich zu werden, gehören schmerzhafte Erfahrungen nun einmal unvermeidlich dazu.

Allerdings müssen diese Leiden nicht den Trost und die Geborgenheit beeinträchtigen, die wir in unserem Herrn haben. Ganz im Gegenteil können sie unsere persönliche Nähe zu Christus noch vertiefen, weil er selbst so sehr gelitten hat.

Es ist gar nicht möglich, die vielen kostbaren Lektionen aufzuzählen, die man im Klassenzimmer solchen Leidens lernen kann. Nicht zuletzt gehört ein tieferes Verständnis für das Leiden anderer Menschen dazu. Ein solches Verstehen macht uns brauchbarer für andere und trägt dazu bei, dass wir uns wertvoller fühlen. Unser Selbstwertgefühl aber hat viel mit unserem inneren Frieden zu tun.

48

Machen Sie die vollkommene Liebe ausfindig

Furcht ist nicht in der Liebe, sondern die vollkommene Liebe treibt die Furcht aus.

1. Johannes 4,18 (L)

Machen Sie sich einmal bewusst, was hier steht: Die vollkommene Liebe vertreibt die Furcht. Gott ist die einzige Quelle dieser Art von Liebe, einer einseitigen, bedingungslosen Liebe, die sagt: »Ich liebe dich unabhängig von dem, was du mir deinerseits zu geben vermagst.« Aus einer solchen Liebe heraus kann sich ein selbstloses Selbst entwickeln, eines, das, statt von den Krisen des Lebens in Furcht und Verzweiflung gestürzt zu werden, anderen liebevolle Zuwendung zu schenken hat.

TEIL VIER

Ermutigung finden im Miteinander

49

Bleiben Sie freundlich

Eine sanfte Antwort dämpft die Erregung,
eine kränkende Rede reizt zum Zorn.

Sprüche 15,1 (E)

Oft sind es gespannte Beziehungen zu anderen Menschen, die den Kern unserer inneren Konflikte bilden. Und wenn wir ehrlich sind, sind gespannte Beziehungen manchmal fast unvermeidlich. Das ist nicht im Sinne einer Entschuldigung gemeint. Aber unsere Natur ist nun einmal sündig, wir sind so schwach, wie wir halt sind, Satans Versuchungen hingegen sind sehr fein gesponnen. Und so laufen wir immer wieder einmal in die Falle zorniger Auseinandersetzungen mit anderen.

Gottes Lösung heißt: »Antworte freundlich und habe keinen Prügel bei dir.« Seine Idealvorstellung ist, dass wir selbst denen noch eine sanfte Antwort geben, die an die gemeinsten Seiten unserer gefallenen Natur rühren. Gerade dann, wenn wir am liebsten nur noch zurückschreien würden, um uns selbst zu verteidigen, zeigt uns Gott einen besseren Weg, einen Weg zum Frieden. Warum? Weil er weiß, dass mit der Lautstärke immer auch unser Blutdruck steigt. Unsere körperliche Gesundheit erhält auf diese Weise nämlich Prügel, unser seelisches Wohlbefinden erleidet einen nervenaufreibenden Stoß, und unsere geistliche Kraft trocknet aus.

Eine sanfte Antwort aber fällt nicht leicht. Es ist menschlich sogar unmöglich, immer und ausnahmslos mit Freundlichkeit zu reagieren. Bitten Sie Gott um Hilfe, dass Ihre Stimme ruhig bleibt. Dann werden andere es schwierig finden, sich mit Ihnen zu streiten. Vielleicht bewegt sie das sogar dazu, die Angelegenheit einmal aus Ihrer Sicht zu betrachten.

50

Vergeben Sie denen, die Sie kränken

Wer Einsicht hat, regt sich nicht auf; es gereicht ihm zur Ehre, bei Kränkungen Nachsicht zu üben.

Sprüche 19,11 (GN)

Wer sagt: »Ich vergebe zwar, aber ich kann es nicht vergessen!«, sagt damit nur: »Nein, eigentlich vergebe ich dir nicht!« An Ärger und Kränkungen festzuhalten ist allerdings kein Weg zum Frieden, das steht fest. Wir sollten vielmehr so tief gelassen in Christus sein, dass es anderen schwer fällt, uns Angst zu machen und uns zum Ärger zu reizen. Ein Zurückschlagen aus Angst ist schließlich viel zu oft geprägt von der Haltung: »Wie du mir, so ich dir!«

Das bedeutet weder, dass wir anderer Leute Fußabtreter sein sollen, noch, dass wir schutzlos den Angriffen hasserfüllter Mitmenschen ausgeliefert sind. In Situationen, in denen es notwendig wird, dass wir für die Ehre Gottes in unserem Leben einstehen, verbietet uns die Heilige Schrift nämlich nicht, dies auch zu tun. Unerlaubt ist hingegen, dass uns ein Leben lang immer wieder die Sicherung durchbrennt. Egal, worin die Ungerechtigkeit, die wir erleiden, bestehen mag – Gott rät uns, sie zu vergeben, damit wir frei werden von den Fesseln des Ärgers.

51

Bauen Sie Freundschaften auf

So ist's ja besser zu zweien als allein; denn sie haben guten Lohn für ihre Mühe. Fällt einer von ihnen, so hilft ihm sein Gesell auf. Weh dem, der allein ist, wenn er fällt! Dann ist kein anderer da, der ihm aufhilft.

Prediger 4,9–10 (L)

Freunde sind ein Schutz vor Angst. Wenn wir in unseren Kämpfen allein sind, ist es gar keine Frage, ob wir fallen, sondern nur, wann es soweit ist. Gottes Wunsch ist es, dass wir starke Unterstützung haben, damit wir einander aufrichten können, wenn wir hinfallen. Haben Sie einen guten Freund, der Christ ist, mit dem Sie vertraulich reden können und der Ihnen mit Ratschlägen aufhilft, die an der Bibel orientiert sind?

52

Erwidern Sie Freundschaft

Auch, wenn zwei beieinander liegen, wärmen sie sich; wie kann ein Einzelner warm werden? Einer mag überwältigt werden, aber zwei können widerstehen, und eine dreifache Schnur reißt nicht leicht entzwei.

Prediger 4,11–12 (L)

Genauso, wie einen zuverlässigen Freund zu haben, dient es dem inneren und äußeren Frieden, selbst einer zu sein. Es beschert uns ein ausgesprochen gutes Gefühl, bei jemandem in so hohem Ansehen zu stehen, dass er oder sie uns ihre Sorgen anvertraut. Freundschaft zu erwidern – einen harmonischen Austausch mit jemandem zu pflegen –, kann etwas sehr Lohnenswertes sein. Wenn Sie spät am Abend das Licht ausknipsen und zu Bett gehen, können Sie es in dem dankbaren Wissen tun, dass Ihre christliche Freundschaft jemandem geholfen hat, der vor noch gar nicht langer Zeit Ihnen Herz und Ohr lieh. So werden Sie bestimmt besser schlafen.

53

Stärken Sie die Verzagten

Saget den verzagten Herzen: »Seid getrost, fürchtet euch nicht!«

Jesaja 35,4 (L)

Positive Worte haben fast immer eine vertrauensbildende Wirkung. Hier ist wohlgemerkt nicht von Schmeichelei die Rede. Es geht um das Geschick, im rechten Moment das ermutigende Wort zu sagen, das die verletzten Gefühle der anderen heilen lassen kann. Eine Wundversorgung dieser Art kann so viel Frieden verbreiten, dass sie nicht nur dem gut tut, der verletzt ist, sondern auch dem, der das ermutigende Wort gefunden hat.

54

Reden Sie frei heraus

Sorgt euch nicht vorher, was ihr reden sollt; sondern was euch in jener Stunde gegeben wird, das redet. Denn ihr seid's nicht, die da reden, sondern der heilige Geist.

Markus 13,11 (L)

Für manche Menschen stellt es eine große Mutprobe dar, Probleme und Konflikte zur Sprache zu bringen. Allein der Gedanke, in einer Diskussionsrunde den Mund aufzumachen, macht ihnen Angst. Mehr noch, Menschen mit einer solchen Angst leiden selbst stark unter ihrer Unfähigkeit, Gefühle in Worte zu fassen. Dennoch werden sie, wenn es wieder einmal so weit ist, schlotternde Knie und eine »Heidenangst« bekommen. Ihre Redebefangenheit greift über auf andere Bereiche des Lebens und gefährdet so jede intakte, gesunde und unverkrampfte Beziehung. Wenn wir unsere Gedanken und Worte dem Heiligen Geist anvertrauen, können wir – seiner göttlichen Leitung gewiss – frei heraus sagen, was uns auf dem Herzen liegt!

Warum? Weil ja nun sein Friede aus unserem Herzen spricht.

55

Leben Sie in Harmonie miteinander

Zuletzt, liebe Brüder, freut euch, lasst euch zurechtbringen, lasst euch mahnen, habt einerlei Sinn, haltet Frieden! So wird der Gott der Liebe und des Friedens mit euch sein.

2. Korinther 13,11 (L)

In unserem Beruf als Psychologen begegnen wir oft Menschen, die sich – aus unterschiedlichsten Gründen – dem Geben und Nehmen in einer christlichen Gemeinschaft verweigern. Sie haben etwas übel genommen, weigern sich, offen und ehrlich zu sein im Miteinander, und sind schnell mit ihrer Kritik zur Hand. Sie haben beschlossen, sich nur auf oberflächliche Beziehungen einzulassen. Indem sie sich vor tieferen Freundschaften abschotten, meiden sie zwar das Risiko, verletzt zu werden, laufen aber Gefahr, völlig allein zu sein. Andere Menschen wiederum bleiben allein, weil sie nie gelernt haben, mit anderen gut auszukommen und zusammenzuleben. Sie wissen einfach nicht, wie man sich öffnet. Wer jahrelang Kränkungen mit sich herumgetragen und mit niemandem mehr geredet hat, ist unfähig geworden, friedfertig mit anderen zusammenzuleben und Gemeinschaft zu haben. In unserem Bibelvers gibt Gott seinen unüberbietbaren Rat für eine solche Situation: Versöhnen Sie sich! Finden Sie zu einem harmonischen Miteinander! Gleich und Gleich gesellt sich gern. Das sollte doch auch für Christen gelten.

56

Sehen Sie Lasten im richtigen Licht

Einer trage des anderen Last; so werdet ihr das Gesetz Christi erfüllen. – Denn jeder wird seine eigene Bürde zu tragen haben.

Galater 6,2+5 (E)

Diese beiden Verse, die im gleichen Absatz stehen, scheinen sich auf den ersten Blick zu widersprechen. Aber in Gottes Wort gibt es keine Widersprüche. Der Apostel Paulus lehrt uns in diesem Abschnitt zweierlei: Jeder soll lernen, die »eigene Bürde«, d. h. seine *normale seelische Belastung,* zu tragen, darüber hinaus aber soll er in Liebe bereit sein, »des anderen Last zu tragen«, d. h. denjenigen Brüdern und Schwestern zu helfen, die mit einer *vorübergehenden seelischen Überlastung* fertig werden müssen. Manchmal begehen wir als Christen nämlich den Fehler, die normale psychische Belastung eines anderen als unsere eigene zu schultern, und ermutigen denjenigen versehentlich so, die Verantwortung für das eigene Leben aus der Hand zu geben. Obendrein verursachen wir bei uns selbst durch solche Überlastung einen Kurzschluss. Wir tun abhängigen Menschen nur dann einen Gefallen, wenn wir uns entschlossen weigern, ihnen ihre normale Last abzunehmen, und diese gerade nicht zu unserem eigenen Problem machen. Das Gesetz Christi erfüllen wir hingegen dann, wenn wir einander mit aller Kraft in Zeiten vorübergehender seelischer »Überlastung« beistehen.

57

Lösen Sie Probleme möglichst schnell

Darum legt die Lüge ab und redet die Wahrheit, ein jeder mit seinem Nächsten, weil wir untereinander Glieder sind. Zürnt ihr, so sündigt nicht; lasst die Sonne nicht über eurem Zorn untergehen, und gebt nicht Raum dem Teufel.

Epheser 4,25–27 (L)

Halten Sie manchen Ärger für normal? Nun, mancher Ärger ist wohl normal. Aber wie oft dreht sich unsere Entrüstung eigentlich nur um unsere eigenen kleinen Verletztheiten? In solchen Fällen ist Ärger ungerechtfertigt und Sünde.

In anderen Fällen, wenn wir einen wirklichen Verlust zu beklagen haben oder jemand gegen uns gesündigt hat, sind wir zwangsläufig verletzt und verärgert, und das ist völlig normal. Aber genau an dieser Stelle begehen viele Leute einen entscheidenden Fehler: Sie brüten über den Ungerechtigkeiten, die man ihnen zugefügt hat, bis ihr Zorn sie überrollt. Sie lösen sich nicht schnell genug von solchen Übergriffen.

Über Ärger sollte man nicht einschlafen. Er fängt über Nacht an zu eitern wie ein Splitter, den man sich eingezogen hat. Am Anfang merkt man nur wenig, aber sehr bald ist die Wunde geschwollen und tut richtig weh.

Am schrecklichsten ist es, wenn der Splitter dann heraus muss. Ein solcher Prozess ist nicht nur unschön, sondern unnötig, denn die Heilung hätte viel früher einsetzen können, wäre die Verärgerung nur gleich aus der Welt geräumt worden. Beginnen Sie noch heute mit einer »Keinen Ärger mit ins Bett nehmen«-Strategie. Sie werden bestimmt schöner träumen!

58

Hilfe in Anspruch nehmen und zur Hilfe bereit sein

Leidet jemand unter euch, der bete;
ist jemand guten Mutes, der singe Psalmen.
Ist jemand unter euch krank, der rufe zu sich die Ältesten der Gemeinde, dass sie über ihm beten.

Jakobus 5,13–14a (L)

Wenn Zeiten des Leidens und der Anfechtungen in unser Leben kommen, erwartet Gott von uns nicht, dass wir so tun, als seien sie nicht da. Er weiß, dass wir in solchen Zeiten Trost brauchen. Gott bietet uns Schutz an unter seinen eigenen Flügeln, aber er verweist uns auch an die Familie der Glaubenden, um uns zu stärken. Wir werden in diesem Bibelvers dazu gedrängt, unsere beängstigenden Erfahrungen Menschen mitzuteilen, die uns gerne mit ihrem Gebet unterstützen wollen. Natürlich sollte das Gespräch darüber nicht auf so selbstmitleidige Weise geschehen, dass sich der andere zur Hilfe gezwungen sieht. Man sollte ehrlich und unumwunden miteinander reden, getragen von gemeinsamer Hoffnung. Solche Information ist nur für Mitchristen gedacht, die regelmäßig und gerne für andere beten.

Umgekehrt ist es nur recht und angemessen, wenn wir uns dann auch von anderen als Gebetspartner gebrauchen lassen, wenn sie in Schwierigkeiten geraten sind. Mit anderen Christen zusammen singen und beten zu lernen in Zeiten, in denen es uns nicht gut geht, ist der Schlüssel zu einer geheimen Seite des inneren Friedens – der Einheit mit anderen.

59

Legen Sie einem Freund regelmäßig Rechenschaft ab

Bekennet also einander eure Sünden und betet füreinander, dass ihr gesund werdet.

Jakobus 5,16 (L)

Ein großer Teil unseres Lebens als Christ besteht darin, anderen zu helfen und uns selbst helfen zu lassen. Wenn wir einander unsere Sünden bekennen und füreinander beten, finden wir eine Kraft, die wir vorher nicht gekannt haben. Vor einem Bruder oder einer Schwester in Christus können wir nicht nur unsere Sünden, sondern auch unsere Sorgen aussprechen, unsere Ängste, Befürchtungen und Zweifel und alles, was uns sonst belastet. Solche Dinge einzugestehen und voreinander zuzugeben, tut unserer geistigen und geistlichen Gesundheit gut. Es macht die Lasten leichter und gestattet Jesus Christus, in unserem Leben Raum zu gewinnen, um uns nach seinen Vorstellungen zu verändern. Indem wir einander Rechenschaft geben, kommt etwas in unser Leben hinein, das als Präventivmaßnahme wirkt. Es hindert uns, die unserem inneren Frieden so abträglichen Sünden und Gewohnheiten zu wiederholen.

TEIL FÜNF

Meiden, was uns schadet

60

Stellen Sie sich Ihren Ängsten

Ich bin so müde vom Seufzen; ich schwemme mein Bett die ganze Nacht und netze mit meinen Tränen mein Lager. Mein Auge ist trübe geworden vor Gram und matt, weil meiner Bedränger so viele sind. *Psalm 6,7–8 (L)*

Manchmal können Ängste schier unerträglich werden. Wenn wir alles unternommen haben, was uns in Phasen besonderer Anspannung normalerweise hilft, der schwere Druck aber trotzdem bleibt, dann könnte der nächste Schritt darin bestehen, einen kompetenten christlichen Seelsorger aufzusuchen. Als Einstieg dazu wäre ein privates Gespräch mit einem Pfarrer denkbar.

Was auch immer der Grund für unsere Ängste sein mag, es ist unklug, sie immer mehr Macht über uns gewinnen zu lassen. Wir müssen uns ihnen stellen – und zwar je eher desto besser. Selbst König David brauchte die Zurechtweisung und den Rat des Propheten Nathan. Wenn wir einer notwendigen Hilfe zu lange aus dem Weg gehen, wird dies zwangsläufig unserem Gefühlshaushalt und unseren Nerven noch mehr schaden. Daher der Rat: Sollten Ihre Ängste überhand nehmen, bitten Sie Gott um den geeigneten Seelsorger. Dann kann das Problem mit qualifizierter Hilfe in Angriff genommen und gelöst werden.

61

Trennen Sie sich von Ihrer Angst

Wenn sich auch ein Heer wider mich lagert,
so fürchtet sich dennoch mein Herz nicht;
wenn sich Krieg wider mich erhebt,
so verlasse ich mich auf ihn. *Psalm 27,3 (L)*

Es ist naiv zu meinen, dass wir all unsere Ängste und Befürchtungen für immer loswerden könnten. Manche Angst ist schließlich sogar eine gesunde, von Gott gegebene Reaktion auf drohende Gefahren. Wenn wir uns allerdings an unsere Ängste klammern und in Gedanken immer wieder um sie kreisen, ist das in der Tat ungesund.

Es schadet unserem inneren Frieden, wenn wir unsere Ängste mit uns herumtragen, als seien sie ein »Schutzmantel«. In diesem Zusammenhang lässt sich allerdings eine erstaunliche Beobachtung machen: Manche Menschen wollen ihre Ängste überhaupt nicht loslassen. Auf eine merkwürdige Weise genießen sie die Aufmerksamkeit, die sie von anderen deshalb erhalten, weil sie immer Angst haben. Was sie dabei nicht erkennen, ist, dass ihnen auf diese Weise Frieden und Gelassenheit natürlich weiter entgehen. Der totalen Versklavung durch die eigenen Ängste kann man nur dann entkommen, wenn man ihnen bereits im Anfangsstadium entgegentritt und sich von ihnen trennt. Ist man erst einmal frei von den Ketten innerer Befürchtungen, kann die Freude zuversichtlicher Gelassenheit durch die Seele fegen.

62

Überwinden Sie Ihre Passivität

Denn als ich es wollte verschweigen, verschmachteten meine Gebeine durch mein tägliches Klagen. Denn deine Hand lag Tag und Nacht schwer auf mir, dass mein Saft vertrocknete, wie es im Sommer dürre wird. Darum bekannte ich dir meine Sünde, und meine Schuld verhehlte ich nicht. Ich sprach: Ich will dem HERRN meine Übertretungen bekennen. Da vergabst du mir die Schuld meiner Sünde. *Psalm 32,3–5 (L)*

Wenn wir uns Schwierigkeiten gegenüber passiv verhalten, wird das nicht zu innerer Ruhe führen, sondern wird stattdessen Mauern aufrichten. Diese Mauern sind besser unter dem Namen »Abwehrmechanismen« bekannt. Wir benutzen sie als kleine Tricks, um uns vor Verletzungen zu schützen. Aber leider halten sie nur die Realität von uns fern. Auf diese Weise bleiben wir umso länger im Sumpf unserer Entmutigung stecken und werden gehindert, uns nach Vergebung auszustrecken.

Einige solcher Abwehrmechanismen, die wir unbewusst anwenden, um mit Unrecht fertig zu werden, ohne etwas tun zu müssen, sind z. B.:

Das Rationalisieren	– jeden Gedanken an eine höhere Instanz vermeiden und nur auf die menschliche Vernunft setzen;
das Projizieren	– andere für unsere Probleme verantwortlich machen;
das Somatisieren	– sich völlig lethargisch vor der Realität verstecken durch Schlaf, Gleichgültigkeit und Trägheit;
der Pharisäismus	– sich an starren Regeln festhalten, die für jeden und alles im Leben zu gelten haben;
das Verdrängen	– das Vorhandensein von Schwierigkeiten schlichtweg ignorieren wollen.

Gottes Weg aber ist das Bekennen. Bleiben Sie nicht tatenlos sitzen, sondern stehen Sie gerade für das, was war. Suchen Sie Gottes Vergebung und bekennen Sie die Sünden, die sich angesammelt haben und die Sie in Ihrem Innern unter Verschluss halten. Danach vergeben Sie sich bitte auch selbst – deshalb, weil Gott Ihnen vergeben hat. Das ist der einzige Weg, den es gibt, um die Mauer einzureißen, die zwischen Ihnen und einer heiteren Gelassenheit steht.

63

Hüten Sie sich vor Verzweiflung

Als ich den HERRN suchte, antwortete er mir und errettete mich aus aller meiner Furcht.

Psalm 34,5 (L)

Waren Sie schon einmal an dem Punkt, wo Sie glaubten, Gott kümmere sich überhaupt nicht um Sie und würde auf Ihre Gebete sowieso nicht hören? Das eigentlich heißt »Verzweiflung« – gefühlsmäßig so am Ende zu sein, dass man nur noch von Resignation beherrscht wird.

Wer sich in diesem Netz verfangen hat, wird feststellen, dass es nicht leicht ist, sich daraus zu befreien. Im Gegenteil, man verheddert sich immer stärker in den Seilen des Netzes, weil man aus Wut und Selbstmitleid meist auch noch wie wild um sich schlägt. Sollten Sie sich in einem solchen Netz der Verzweiflung gefangen fühlen, dann tun Sie bitte gerade das, wonach Ihnen jetzt am allerwenigsten ist: Beten Sie! Wie sehr Sie das Vertrauen ins Gebet auch verloren haben mögen, Beten schenkt eine der köstlichsten Formen des Trostes, die sich denken lässt: die Freundschaft des Himmels.

64

Widerstehen Sie dem Wunsch zu fliehen

Furcht und Zittern ist über mich gekommen, und Grauen hat mich überfallen. Ich sprach: O hätte ich Flügel wie Tauben, dass ich wegflöge und Ruhe fände!

Psalm 55,6–7 (L)

Haben Sie sich je ganz woandershin gewünscht? Sich gefühlt, als würden Sie am liebsten vor allem davonlaufen, um an einem völlig anderen Ort der Welt ein völlig neues Leben zu beginnen? Es klingt einladend, vor den Geschehnissen, die uns überwältigen wollen, einfach davonzulaufen – aber nur selten kommen die, die total aus ihrem bisherigen Leben aussteigen, wirklich sehr weit fort davon. Auf anderem Boden – dort, wo alles eigentlich hätte viel besser sein sollen – warten nur neue Fallstricke auf uns.

Weit empfehlenswerter ist es, sich den Schwierigkeiten des Lebens zu stellen und daran zu wachsen. Gott hat für jeden von uns bestimmte Lektionen, die zu lernen sind und denen wir nicht entgehen können. Wenn wir diese Herausforderungen annehmen, werden wir zu besseren, reiferen Menschen und bekommen das Handwerkszeug für einen weiseren Umgang mit dem Leben.

65

Hüten Sie sich vor Versuchung

Doch wer mich verfehlt, der schadet sich selbst.

Sprüche 8,36a (E)

Satan ist ein Meister der Versuchung. Ihm ist jedes noch so abgefeimte Mittel recht, um Ihnen eine Falle zu stellen. Und die Angst ist seiner Trickkiste mitnichten unbekannt. Rechnen Sie deshalb damit, dass, wenn Ihre persönlichen Schwierigkeiten wachsen, auch er die Daumenschrauben anziehen wird. Zu solchen Zeiten wird er Ihnen den Eindruck vermitteln, dass sündiges Tun noch nie so verlockend war wie jetzt. Widerstehen Sie ihm und er wird vor Ihnen fliehen. Sünde ist immer nur eine vorübergehende Erleichterung. Bleibende Entlastung kommt allein von Gott.

66

Meiden Sie den Alkohol

Der Wein macht Spötter, und starkes Getränk macht wild; wer davon taumelt, wird niemals weise.

Sprüche 20,1 (L)

Über 14 Millionen Menschen in Amerika sind alkoholabhängig. Sie haben sich dem Alkohol verschrieben, um mit ihren Ängsten fertig zu werden. Die Antwort auf unsere Probleme liegt aber nicht im Alkohol, sondern bei Gott. Menschen, die Alkohol benutzen, um ihren seelischen Schmerz zu töten oder um sich in ihrer inneren Müdigkeit Mut anzutrinken, sinken immer tiefer in die Abhängigkeit hinein. Der beste Balsam für die Seele aber ist der Herr Jesus Christus. Er kann verletzte Gefühle heilen. Tauschen Sie den Trost aus der Flasche gegen den Trost der Frohen Botschaft ein. Lassen Sie das Wort Gottes zu Ihrem Seelentröster werden.

67

Überschätzen Sie nicht die Macht des Geldes

Was aber unter die Dornen fiel, sind die, die es hören und gehen hin und ersticken unter den Sorgen, dem Reichtum und den Freuden des Lebens und bringen keine Frucht.

Lukas 8,14 (L)

Wie gebannt auf die Allmacht des Geldes zu schauen, ist eine gute Möglichkeit, sich die Schlinge der Sorgen noch fester um den Hals zu ziehen. Manche Menschen vertreiben die Gelassenheit aus ihrem Leben und ersticken jeden inneren Frieden dadurch, dass sie das Geld zur Lebenssorge Nummer Eins erklären. Sie haben überhaupt keine Zeit mehr, das Leben zu genießen. Sie sind viel zu beschäftigt damit, für den Lebensunterhalt zu sorgen.

Geld ist ein grundlegender Teil unserer Existenz, durch Geld kann man sich das Lebensnotwendige und den Luxus leisten. Aber Geld ist nicht das Leben selbst. Da man nicht besonders reich sein muss, um den Frieden Gottes sein Eigen zu nennen, sollte man das Geld in der Wertehierarchie des Lebens nach hinten rücken.

68

Werden Sie mit Würde alt

Solange wir noch in diesem Körper leben, sind wir bedrückt und voll Angst. Doch wir wollen nicht von unserem sterblichen Körper befreit werden: Wir wollen in den unvergänglichen Körper hineinschlüpfen. Was an uns vergänglich ist, soll vom Leben verschlungen werden. Und tatsächlich wirkt Gott schon jetzt in uns, damit das geschehen kann; denn er hat uns als Unterpfand seinen Geist gegeben.

2. Korinther 5,4–5 (GN)

So manches ist nicht besonders attraktiv am Altwerden: Die gesundheitlichen Probleme nehmen zu, das Leben fordert seinen Tribut, Abnutzungserscheinungen stellen sich ein, auch Kleinigkeiten werden immer beschwerlicher. Dennoch ist es durchaus möglich, in Schönheit alt zu werden – in der Schönheit des Geistes jedenfalls. Menschen, die die Veränderungen des mittleren und späten Lebensabschnitts mit Würde annehmen, sind eine Ermutigung für andere, und es macht Freude, mit ihnen zusammen zu sein.

Eines Tages wird Gott allen, die an ihn glauben, einen herrlichen Körper schenken, der nie altern wird. Bis dahin sind Sie nur so alt, wie Sie sich fühlen. Es ist eine Frage der inneren Haltung und des Geistes.

69

Verweilen Sie nicht bei Fehlern der Vergangenheit

Darum: Ist jemand in Christus, so ist er eine neue Kreatur; das Alte ist vergangen, siehe, Neues ist geworden. 2. Korinther 5,17 (L)

Das Grübeln über Fehler der Vergangenheit bringt viele Menschen um ein glückliches Dasein in der Gegenwart. Ihr extrem empfindliches Gewissen fühlt sich immer noch schuldig, und sie geben sich selbst keine Möglichkeit weiterzukommen. Charakteristisch für diese Menschen ist, dass sie zum wiederholten Male um Vergebung für eine Tat bitten, die schon viele Monate oder sogar Jahre zurückliegt.

Unser Bibelvers enthält einen wichtigen Gedankenanstoß für besonders gewissenhafte Leute. Das Verb, das im griechischen Original für »ist geworden« steht, beschreibt nämlich eine zum gegenwärtigen Zeitpunkt andauernde Handlung. Man könnte es also eigentlich besser wiedergeben mit: Alles ist am Neuwerden.

Gott gibt uns ein neues Leben in Christus; damit haben wir die vollkommene Vergebung! Darüber hinaus meißelt er täglich an den Schwachpunkten unseres Charakters und unserer Persönlichkeit. Wir sind sein Meisterwerk, an dem seine Handwerkskunst deutlich wird.

Makel der Vergangenheit, die Gott vor langer Zeit durch seine Vergebung entfernt hat, sollten nicht aus Überempfindlichkeit als schmerzliche Erinnerung wach gehalten werden. Wir sollten uns besser auf jene Ecken und Kanten konzentrieren, die heute an uns abgeschmirgelt werden müssen.

70

Bleiben Sie aufrichtig

Ordnet euch also Gott unter, leistet dem Teufel Widerstand; dann wird er vor euch fliehen. Sucht die Nähe Gottes; dann wird er sich euch nähern. Reinigt die Hände, ihr Sünder, läutert euer Herz, ihr Menschen mit zwei Seelen!

Jakobus 4,7–8 (E)

Ist Ihnen schon einmal aufgefallen, wie gerne manche Christen den Teufel für das eigene sündhafte Verhalten verantwortlich machen? Auf diese Weise sind zumindest ihre quälenden Schuldgefühle vorübergehend leichter zu ertragen.

Nun stimmt es zwar, dass der Teufel jederzeit kampfbereit und darauf aus ist, uns zu schaden, aber er hat nicht die Macht, gläubige Menschen in seinen Besitz zu nehmen (»Der in euch ist, ist größer als der, der in der Welt ist«; 1. Johannes 4,4).

Als vom Teufel drangsaliert erleben sich Christen dann, wenn in ihrer Brust zwei Seelen wohnen, wenn sie also zwischen zwei Absichten hin- und hergerissen sind. Das größte Hindernis zum inneren Frieden liegt für sie darin, dass sie sich zur selben Zeit in zwei verschiedene Richtungen gezogen fühlen.

Wer sich in solchen Momenten dem Teufel als »Vielliebchen« zur Verfügung stellt, wird dem Wunsch des Teufels zum Sieg verhelfen und selbst dabei – genau wie in diesem Spiel – in zwei Teile zerbrochen werden.

Beim »Vielliebchen-Spiel« wird ein kleiner Knochen von zwei Spielern an beiden Enden gefasst und entzweigebrochen – wer das größere Stück in der Hand behält, hat gewonnen. Ihm geht angeblich ein Wunsch in Erfüllung.

71

Erkennen Sie falsche Schuldgefühle

Wenn wir unsere Sünden bekennen, ist er treu und gerecht; er vergibt uns die Sünden und reinigt uns von allem Unrecht. *1. Johannes 1,9 (E)*

Alle Sünde bedarf, um ein für alle Mal erledigt zu sein, der Vergebung. Bevor man Sünde nicht bekennt und loslässt, wird sie zwangsläufig weiter am Gewissen nagen. Manches, was wir als Schuld bezeichnen, hat allerdings überhaupt nichts mit Sünde zu tun. Es sind *falsche Schuldgefühle*. Solche Schuldgefühle treten da auf, wo besonders strenge, gar nicht schriftgemäße Gebote gebrochen werden, die wir selbst aufgestellt haben. Jemand hat z. B. beschlossen, jeden Tag zwei Kapitel in der Bibel zu lesen, vergisst es aber einmal oder schläft abends schon nach einem Kapitel ein. Am nächsten Tag fühlt er sich schuldig. Ist das echte Schuld? Ganz gewiss nicht! Es gibt keine biblische Vorschrift darüber, wie lang ein zu lesender Bibeltext sein soll.

Menschliche Ziele sind etwas Gutes. Sie sorgen dafür, dass wir überhaupt etwas erreichen. Aber sie machen nicht das Leben aus. Schuldgefühle, die man sich macht, weil man einem selbst auferlegten Vorsatz oder einer persönlichen Norm nicht gerecht wird, sind kein Grund zur Selbstverurteilung. – Nicht entschuldigen sollten wir dagegen Schuld, die tatsächlich auf sündhaftes Verhalten zurückgeht.

72

Verweigern Sie sich dem Materialismus

Liebt nicht die Welt und was in der Welt ist! Wer die Welt liebt, hat die Liebe zum Vater nicht. Denn alles, was in der Welt ist, die Begierde des Fleisches, die Begierde der Augen und das Prahlen mit dem Besitz, ist nicht vom Vater, sondern von der Welt.

1. Johannes 2,15–16 (E)

Der Materialismus ist oft der tiefste Abgrund, der Christen von innerem Frieden und Gelassenheit trennt. Sie sind gefangen von ihrem Besitzstreben und können nicht eher ruhen, als bis sie auch noch die allerletzte Mode mitgemacht haben. Alle anderen Prioritäten werden auf der Liste heruntergesetzt und müssen gegenüber der neuen Anschaffung zurückstehen. Und wenn man sich die erst einmal gesichert hat, wird Satan dafür sorgen, dass schnell etwas anderes diesen Platz erobert. Das Ganze ist auch bekannt als: »Wir müssen wenigstens haben, was unser Nachbar hat.«

Der einzige Antrieb hinter solch einem nur am Besitz ausgerichteten Lebensstil ist die Selbstdarstellung. Der Materialist ist sich selbst nie genug, darum versucht das alte Ich sein Selbstbild mit der jeweils schönsten Ausstattung aufzumöbeln, die sich finden lässt. Das einzige Problem ist: Es wird nie reichen.

Der Frieden lässt sich nicht im Jagen nach leeren Versprechungen finden, selbst wenn sie in allen Farben des Regenbogens leuchten, sondern nur im Regenbogen selbst, dessen Schöpfer Gott ist. Friede heißt: Das Leben aus Gottes Perspektive sehen und darin einen unerforschlichen Reichtum finden.

TEIL SECHS

Kraft schöpfen für den Alltag

73

Nennen Sie Sünde Sünde

Ja, ich bekenne meine Schuld, ich bin wegen meiner Sünde in Angst.

Psalm 38,19 (E)

Ein weit verbreiteter Trick unserer alten sündigen Natur besteht darin, mit Sünde fertig zu werden, indem man sie entschuldigt. Man tut sie einfach als das »geringere« Übel ab. Oder man verkündet lauthals, das eigene Verhalten sei doch völlig akzeptabel. Manche Leute haben sich eine noch andere Erklärungsmethode zugelegt: Sie biegen sich kurzerhand die Bibel zurecht. Sie versuchen ihr Fehlverhalten dadurch zu rechtfertigen, dass sie bestimmte Bibelverse theologisch ein wenig drehen: eine Rechtfertigung, die fast an Gotteslästerung grenzt.

Während wir uns mehr oder weniger geschickt verstellen, kann die Sünde weiter ihren Schaden anrichten. Bis wir Sünde endlich Sünde nennen, sie zugeben und bekennen, kann unser sündhaftes Verhalten ungehindert seine mächtigen Angstattacken in uns fortsetzen. Bis schließlich etwas »klick« macht. Lesen Sie doch bitte den Psalm noch einmal!

74

Meinen Sie es ernst

Er ruft mich an, darum will ich ihn erhören; ich bin bei ihm in der Not, ich will ihn herausreißen.

Psalm 91,15 (L)

Wenn man in Not ist, ist es angebracht, sich zu fragen: »Will ich wirklich Hilfe haben?« Es ist seltsam, aber ich habe Menschen getroffen, die sich buchstäblich geweigert haben, ihre Probleme loszuwerden. Sie waren für sie so etwas wie ein gebrochenes Bein. Aufgrund ihrer »Hilfsbedürftigkeit« schenkten andere ihnen besondere Aufmerksamkeit. Solchen Menschen ist nur schwer zu helfen und selten für längere Zeit. Sie haben nicht gelernt, ihr Anerkennungsbedürfnis in gesundem menschlichen Miteinander zu stillen. Hilfsbedürftig zu sein kann zum Hobby werden. Wenn wir dagegen wirklich Hilfe wollen, dann gilt dieser Psalmvers uns. Beim Lesen dieses Verses können wir spüren, wie die Angst unseren Körper verlässt und wir in Gottes Treue zur Ruhe kommen.

75

Nehmen Sie Ihre Grenzen an

So fern der Morgen ist vom Abend, lässt er unsere Übertretungen von uns sein. Wie sich ein Vater über Kinder erbarmt, so erbarmt sich der HERR über die, die ihn fürchten. Denn er weiß, was für ein Gebilde wir sind; er gedenkt daran, dass wir Staub sind.

Psalm 103,12–14 (L)

Gott weiß, dass wir schwach sind, und wir sollten es auch wissen. Gott weiß um unsere menschliche Begrenztheit und versetzt sich in uns hinein. Bei unseren Versuchen, die Erfolgsleiter zu erklettern oder andere selbst gemachte Ideale zu verwirklichen, treiben wir uns alle selbst an den Rand des Wahnsinns. Schon nach den ersten paar Stufen stellen wir nämlich fest, dass wir Höhenangst haben.

Wir könnten etwas daraus lernen: Auch wenn Gott uns seine vollkommene Vergebung geschenkt hat, ist niemand von uns vollkommen, und wir sollten nicht dem Stress Tor und Tür öffnen, indem wir versuchen, unser Leben rein aus menschlicher Kraft zu bewältigen. Gott ist es, der dem Staub den Lebensodem einhaucht. Seine Macht ist unbegrenzt. Führen Sie Ihr Leben aus seiner Kraft.

76

Werden Sie nicht zum Workaholic

Es ist umsonst, dass ihr früh aufsteht und hernach lange sitzet und esset euer Brot mit Sorgen; denn seinen Freunden gibt er es im Schlaf. *Psalm 127,2 (L)*

In diesem Bibelvers steckt eine Warnung: Wir sollen bei dem, was wir tun, nicht zu ängstlich bemüht, nicht zu angestrengt und verbissen sein. Modern gesagt: Werden Sie nicht zum »Workaholic«! Es ist selbstzerstörerisch, wenn wir uns selbst Tag und Nacht zu immer noch mehr Arbeit anstacheln. Am Ende stehen sonst leicht Zusammenbruch, völlige Erschöpfung, tiefe Ängste und zerbrochene Beziehungen. Viel besser ist es, maßvoll zu leben und zu arbeiten und Extreme zu meiden. Wenn wir zwar engagiert, aber nicht fieberhaft arbeiten, wird Gott uns auch den geruhsamen Schlaf geben, den wir nötig haben.

77

Gehen Sie vor Anker

Sein Sinn [ist] fest [auf dich gerichtet];
du schenkst ihm Ruhe und Frieden;
denn er verlässt sich auf dich.

Jesaja 26,3 (frei nach E)

Die Gedanken mancher Menschen scheinen wie Schiffbrüchige zu sein – sie treiben ziellos und unkontrolliert auf den Wellen der Phantasie dahin. Solche Menschen verbringen viel zu viel Zeit damit, sich Probleme auszumalen, die gar nicht existieren, und viel zu wenig Zeit damit, Gottes Zusagen und Verheißungen ins Visier zu nehmen. Wenn man aber den Ozean der Liebe Gottes entdeckt und das Meer seiner Vergebung gefunden hat, wäre es weise, Anker zu werfen. So wie es der Vers andeutet: Richten Sie Sinne und Gedanken fest auf Gott – gehen Sie eine Zeit lang bei ihm vor Anker.

78

Warten Sie auf seelische Kraft

Weißt du nicht? Hast du nicht gehört?
Der HERR, der ewige Gott,
der die Enden der Erde geschaffen hat,
wird nicht müde noch matt,
sein Verstand ist unausforschlich.
Er gibt dem Müden Kraft
und Stärke genug dem Unvermögenden.
Männer werden müde und matt,
und Jünglinge straucheln und fallen;
aber die auf den HERRN harren,
kriegen neue Kraft,
dass sie auffahren mit Flügeln wie Adler,
dass sie laufen und nicht matt werden,
dass sie wandeln und nicht müde werden.

Jesaja 40,28–31 (L)

Wenn wir ängstlich und niedergeschlagen sind, verlieren wir unsere Kraft und werden müde. In diesem Zustand kann man schnell ins Stolpern geraten, wenn man sich nicht auf den Herrn verlässt. Gott selbst aber wird nie müde und kraftlos. Er wünscht sich zutiefst, uns Kraft und Mut schenken zu dürfen, und wird es umso mehr tun, je mehr wir lernen, unser seelisches Gleichgewicht von ihm zu erwarten.

79

Überprüfen Sie Ihre Sicht der Dinge

Darum sage ich euch: Sorgt nicht um euer Leben, was ihr essen und trinken werdet; auch nicht um euren Leib, was ihr anziehen werdet. Ist nicht das Leben mehr als die Nahrung und der Leib mehr als die Kleidung? Seht die Vögel unter dem Himmel an: Sie säen nicht, sie ernten nicht, sie sammeln nicht in die Scheunen; und euer himmlischer Vater ernährt sie doch. Seid ihr denn nicht viel mehr als sie? Wer ist unter euch, der seines Lebens Länge eine Spanne zusetzen könnte, wie sehr er sich auch darum sorgt? Und warum sorgt ihr euch um die Kleidung? Schaut die Lilien auf dem Feld an, wie sie wachsen: Sie arbeiten nicht, auch spinnen sie nicht. Ich sage euch, dass auch Salomo in aller seiner Herrlichkeit nicht gekleidet gewesen ist wie eine von ihnen. Wenn nun Gott das Gras auf dem Feld so kleidet, das doch heute steht und morgen in den Ofen geworfen wird: Sollte er das nicht viel mehr für euch tun, ihr Kleingläubigen?

Matthäus 6,25–30 (L)

Manchmal vernebeln uns die Einzelheiten des Lebens die Sicht. Die vielen Facetten unserer Kultur und unseres Lebensstils nehmen uns so sehr gefangen, dass wir den Blick verlieren für das Leben an sich. Während wir wie Mäuse durch die verschlungenen Pfade einer dichten Hecke huschen, beginnt die wahre Schönheit des Lebens unmittelbar außerhalb des Gebüsches. Und worin besteht diese Schönheit? In der Einfachheit.

Das ist der geheime Schlüssel, der die Fesseln unserer Irrungen und Wirrungen lösen könnte. Kommt uns unser Leben nicht oft so kompliziert und verwirrend vor, dass wir völlig den Überblick zu verlieren drohen? Leben wir nicht ständig in Alarmbereitschaft?

Sehen Sie sich einmal die schlichte Eleganz der Worte Jesu hier an. Er sagt seinen Zuhörern, dass ihr Glaube das eigentliche Problem sei. Sie versuchten, für alles und jedes Vorsorge zu treffen. Was sie brauchten, sei eine neue Sicht der Dinge, eine Glaubenssicht: Was sie brauchten, sei einfältiges, kindliches Vertrauen.

80

Übertreiben Sie das Vorausplanen nicht

Darum sorgt nicht für morgen, denn der morgige Tag wird für das Seine sorgen. Es ist genug, dass jeder Tag seine eigene Plage hat.

Matthäus 6,34 (L)

Im erfolgreichen Broadway-Musical *Annie* singt die Hauptfigur ein beliebt gewordenes Lied an den morgigen Tag, in dem sie stolz erklärt: »Ich liebe dich, kommender Tag. Nur noch einen Tag bist du entfernt.«

Im Gegensatz zu Annie sorgen sich viele Menschen eher kaputt über den Tag, der morgen auf sie zukommt. Sie haben in ihrem Kopf schon längst die vielen möglichen Tragödien durchgespielt, die ihrer Ansicht nach geschehen könnten.

Hier geht das Vorausplanen und Vorausdenken viel zu weit. Solch latente Angstvorstellungen stören unsere Persönlichkeit nachhaltig. Und der innere Friede ist natürlich auch dahin.

Es ist ein Fehler, über den heutigen Tag völlig hinweg- und hinausschauen zu wollen. Eine weise Planung ist bestimmt nichts Falsches. Ein Sorgen, das nichts fruchtet, ist dagegen mit Sicherheit falsch. Am besten geht man auf den morgigen Tag zu, indem man den heutigen voll auskostet.

Ich jedenfalls gehe davon aus, dass wir genug Hoffnung für den morgigen Tag finden können, wenn selbst ein kleines Waisenkind wie Annie sich so auf ihn freuen kann. Und diese Hoffnung trägt selbst dann, wenn es zuvor die Herausforderungen des »Heute« zu bestehen gilt.

81

Ordnen Sie Ihre Prioritäten neu

Der HERR aber antwortete und sprach zu ihr: Marta, Marta, du hast viel Sorge und Mühe. *Lukas 10,41 (L)*

Bei Marta war etwas nicht in Ordnung. Sie hatte zugelassen, dass ihre höchste Priorität – die, von Jesus zu lernen – ersetzt wurde von der Geschäftigkeit. Das Resultat waren Sorge und Nervosität.

Wie oft passiert das Christen heutzutage! Die Prioritäten verschieben sich: Jesus Christus bekommt einen der hinteren Plätze. Weniger Wichtiges rutscht nach vorne. Ziel und Richtung gehen verloren, und nach den wohlmeinenden Martas, für die sich mehr um ihr Tun dreht als um ihr Wachstum, greift die Angst. Sie bekommen kaum noch Luft.

Richtige Prioritäten sind von entscheidender Bedeutung für die geistliche Gesundheit jedes Christen. Die Prioritäten, die wir setzen, hängen eng mit unseren Werten zusammen, also mit dem, was uns wirklich wichtig ist. Wer sich ständig mit Sorge und Angst herumschlägt, sollte sich einmal genau seine Prioritäten ansehen, um sicherzustellen, dass ihn oder sie nicht das Marta-Syndrom erwischt hat.

82

Seien Sie siegreich

Das habe ich mit euch geredet, damit ihr in mir Frieden habt. In der Welt habt ihr Angst; aber seid getrost, ich habe die Welt überwunden. *Johannes 16,33 (L)*

Christus hat die Schlacht schon gewonnen; alles, was wir jetzt zu tun haben, ist, den Sieg zu beanspruchen. Ich denke, das hören Sie heute sicher nicht zum ersten Mal. Es ist wahr, es ist nur nicht ganz so einfach, wie es immer klingt. Man wird nicht plötzlich zum Überwinder, nur weil man mit Überzeugung sagt: »Ich bin ein Überwinder!«

Der Sieg fängt da an, wo wir – durch die Macht Jesu Christi – in unserem alltäglichen Leben zu Frieden und Gelassenheit finden. Wenn wir lernen, selbstvergessen in Jesu Gegenwart zu leben, können wir den Angst erregenden Herausforderungen, die uns einschüchtern wollen, mit »gutem Mut« begegnen. Dann nämlich schenkt uns der Herr Sieg in der Welt, die er doch schon überwunden hat.

83

Reifen Sie an Nöten

Wir wissen aber, dass denen, die Gott lieben, alle Dinge zum Besten dienen, denen, die nach seinem Ratschluss berufen sind.

Römer 8,28 (L)

Anfang der 70er Jahre entwickelten die Ärzte Holmes und Rahe eine Karte, auf der sie verschiedenen Schwierigkeiten und Veränderungen von Lebensumständen (wie dem Tod eines Angehörigen, Krankheit, Ruhestand, Geldsorgen, Berufswechsel, Umzug etc.) eine bestimmte Punktzahl zuordneten. Sie fanden heraus, dass da, wo sich die Schwierigkeiten in einem einzigen Jahr auf über zweihundert solcher Punkte summierten, ein signifikanter Anstieg psychischer Probleme (wie z. B. Angst) zu verzeichnen war.

Römer 8,28 kann ein enormer Trost für Kinder Gottes sein, wenn sie solche schwierigen Zeiten durchmachen. Gott hat versprochen, dafür zu sorgen, dass sich auf lange Sicht alle unsere Lebensumstände gut auswirken sollen. Das heißt nicht, dass Gott der Urheber aller unserer Schwierigkeiten wäre, wie manche Christen fälschlicherweise annehmen. Gott mag sehr wohl in manchen Problemen seine lenkende Hand haben, und wir dürfen auf jeden Fall sicher sein, dass es keine Situation geben wird, die Gott nicht zugelassen hat.

Mehr noch – uns werden keine Schwierigkeiten begegnen, ohne dass Gott höchstpersönlich an unserem Leben Anteil nähme und uns nahe wäre. In jeder dieser Lebenslagen, ob Gott sie nun lenkt oder zulässt, wird er uns Dinge lehren, von denen wir auf lange Sicht profitieren werden.

Wir sollten hier auch nicht vergessen, dass Christen sich so manche Schwierigkeit im Leben selbst bereiten – sei es bewusst oder unbewusst. Gott aber wird dafür sorgen, dass sogar unsere selbst auferlegten Nöte und Probleme zu etwas Gutem führen.

84

Programmieren Sie Ihren Gehirncomputer um

Und stellt euch nicht dieser Welt gleich, sondern ändert euch durch Erneuerung eures Sinnes, damit ihr prüfen könnt, was Gottes Wille ist, nämlich das Gute und Wohlgefällige und Vollkommene. *Römer 12,2 (L)*

Das Gehirn ist ein faszinierendes Organ. Es arbeitet mit einer Kapazität, die komplexer ist als alle bisher vom Menschen konstruierten Computer. Und doch müssen manchmal bestimmte Gedanken aus unserem System entfernt und durch neue Daten ersetzt werden. Immer dann, wenn die Ideologie dieser Welt den freien Zustrom geistlicher Einsicht vereitelt, muss das Denken durch die verändernde Macht der Vergebung Gottes gereinigt und erneuert werden. Wenn wir das Verbindungskabel zum vertrauten Umgang mit Christus nicht wieder richtig anschließen, wird unser Denken allmählich zerfallen und zerfressen werden von den friedensgefährdenden Philosophien dieser Welt.

85

Rechnen Sie auch mit schwierigen Lagen

Und ich war bei euch in Schwachheit und in Furcht und mit großem Zittern.

1. Korinther 2,3 (L)

Dieses ganze Buch hätte seinen Zweck verfehlt, wenn es sagen wollte, dass wir nie in eine schwierige Lage kommen werden. Das werden wir sehr wohl! In diesem Vers können wir schnell erkennen, dass selbst der Apostel Paulus seine Kämpfe mit der Angst hatte. Paulus aber wusste sich sicher in dem Wissen, dass sein Glaube an Gottes Macht und Gottes Weisheit immer reichen würde. Deshalb wurde er nicht von seinen Problemen überwältigt. Der Druck stählte ihn nur und machte ihn zu einem noch besseren Diener für seinen Herrn Jesus Christus.

86

Entwickeln Sie eine positive Einstellung

Ich vermag alles durch den, der mich mächtig macht. *Philipper 4,13 (L)*

In dem populären Satz: »Sage niemals nie!« steckt ein deutlicher und guter Rat. »Das kann ich nie und nimmer« sind nämlich Worte, die Seelsorger und Psychologen viel zu oft zu hören bekommen. Es sind die typischen Worte von trägen, passiven, geschlagenen und müden Menschen. Keiner von ihnen hat eine positive Lebenseinstellung.

Der Vers aus dem Philipperbrief besagt nicht, dass Gott uns alles abnehmen wird und wir überhaupt nichts tun müssen, auch wenn Christen manchmal so dumm waren, das zu glauben. Der Vers enthält vielmehr die Verheißung, dass Gott uns die Kraft geben wird, die wir brauchen, um mit unseren Schwierigkeiten fertig zu werden. Mit ihm im Team können wir unsere Lebenslagen von einer positiven Warte aus sehen und glauben, dass er uns hindurchbringen wird.

87

Identifizieren Sie sich mit Christus

Denn wir haben nicht einen Hohenpriester, der nicht könnte mit leiden mit unserer Schwachheit, sondern der versucht worden ist in allem wie wir, doch ohne Sünde. Darum lasst uns hinzutreten mit Zuversicht zu dem Thron der Gnade, damit wir Barmherzigkeit empfangen und Gnade finden zu der Zeit, wenn wir Hilfe nötig haben. *Hebräer 4,15–16 (L)*

Eines der Mittel, die man in der Gruppen-Psychotherapie einsetzt, um Menschen zu helfen, mit ihrer Angst fertig zu werden, ist die Identifikation mit anderen, die in ihrem Leben ebenfalls Schwierigkeiten zu bewältigen hatten. Es ist oft hilfreich zu merken, dass man nicht allein ist mit seinen Erfahrungen, sondern dass andere in ihrem Leben ähnlichen Stürmen getrotzt haben und uns daher verstehen und mit uns fühlen können.

Der Schreiber des Hebräerbriefes sagt uns hier, dass Christus jemand ist, der das kann. Christus versteht unsere Schwachheiten und unsere Versuchungen. Er lädt uns ein, ihm alles darüber zu erzählen, damit er uns als Hilfe in dieser Zeit der Not Gnade schenken kann. Identifizieren Sie sich mit Christus! Er kann das Leid und den Schmerz, den Sie gerade durchmachen, nachempfinden. Auch er hat Versuchung und Schmerzen, Schwäche und Ablehnung erlitten.

88

Wachsen Sie geistlich weiter

Verlangt, gleichsam als neugeborene Kinder, nach der unverfälschten, geistigen Milch, damit ihr durch sie heranwachst.

1. Petrus 2,2 (E)

Man sollte es kaum glauben, aber manche Christen kommen auf einer bestimmten Ebene ihres geistlichen Wachstums zum Stillstand. Schlimmer noch, es scheint ihnen zu gefallen. Ihr Hunger nach geistlichen Dingen ist vom Appetit auf anderes überholt worden. Wenn dann die Versuchungen zunehmen, haben sie immer weniger innere Widerstandskraft. Kommen zu dieser Schwäche auch noch Ängste erschwerend hinzu, dann haben wir von Sorgen geplagte Menschen vor uns, die bereit sind, Satans Angebote an vorübergehenden Erleichterungen (wie Alkohol, Drogen und sexuelle Ausschweifungen) anzunehmen und dafür Monate, ja oft Jahre ihres Lebens einzutauschen, um die es ihnen später bitter Leid tut.

Das unschuldige Verlangen nach mehr geistlicher Nahrung aus dem Wort Gottes – das hier mit dem Verlangen von neugeborenen Kindern nach Milch verglichen wird – muss in vielen von Sorgen geschüttelten Seelen erst wieder zum Leben erweckt werden. Sich aus dem Wort Gottes zu nähren, schenkt ein befriedigendes Wohlgefühl und seelischen Frieden.

89

Lassen Sie los

Beugt euch also in Demut unter die mächtige Hand Gottes, damit er euch erhöht, wenn die Zeit gekommen ist. Werft alle eure Sorge auf ihn, denn er kümmert sich um euch.

1. Petrus 5,6–7 (E)

Probleme loszulassen ist nicht so leicht, wie wir vielleicht denken. Die meisten von uns halten sie so krampfhaft fest, dass uns unsere Probleme selbst nach dem Beten noch so plagen wie zuvor. Immer wieder werfen wir unsere Sorgen auf den Herrn, aber irgendwie scheinen sie mit Spezialkleber an unseren Fingern festzuhängen. Wir können einfach nicht loslassen.

Unser wild entschlossenes Festhalten hat in der Regel mit der Vorstellung zu tun, dass irgendjemand schließlich eine Antwort auf die Probleme finden muss. Sie lösen sich schließlich nicht von selbst. Wenn wir mit Beten fertig sind und nicht gleich sichtbare Resultate feststellen, sorgen wir uns eben weiter. Manchmal ist unser krampfhafter Zugriff so stark, dass wir das Beten ganz und gar sein lassen.

Wir brauchen die Einsicht, dass Gott sich um uns kümmert. Er will unsere Sorgen für uns tragen. In ihm haben wir einen wahren Freund, der helfen wird. Und wenn wir unsere Sorgen ihm zuwerfen, nimmt er die Sache in die Hand, selbst wenn wir es nicht merken.

Los! Machen Sie endlich die Finger auf. Die Ängste, die Sie so verkrampft festhalten, sind doch völlig wertlos für Sie!

TEIL SIEBEN

Unseren Trost von Christus erwarten

90

Holen Sie den Rat der Schrift ein

Dein Wort ist meines Fußes Leuchte und ein Licht auf meinem Wege.

Psalm 119,105 (L)

Wer ängstlich ist, fürchtet die Zukunft und hat keine Freude an der Gegenwart. Wer hingegen täglich Gottes Wort studiert und darüber nachdenkt, kann selbst als angstgeplagter Mensch wahren und bleibenden Frieden finden. Gottes Wort erhellt den Weg zu einem friedvolleren und gelasseneren Leben.

91

Nehmen Sie Gottes Verheißungen in Anspruch

Fürchte dich nicht, ich bin mit dir; weiche nicht, denn ich bin dein Gott. Ich stärke dich, ich helfe dir auch, ich halte dich durch die rechte Hand meiner Gerechtigkeit.

Jesaja 41,10 (L)

In unserer heutigen schnelllebigen und mobilen Gesellschaft ist unser seelisches Gleichgewicht durch so manches bedroht. Dennoch gilt nach wie vor, dass der Gott, der vor Zeiten seine Kinder durch die Tatsache seiner Gegenwart tröstete und stärkte, seine Kinder auch heute auf die gleiche Weise tröstet und stärkt. Wir können Gelassenheit und Frieden finden, wenn wir die wundervollen Verheißungen, die er uns anbietet, als unser Eigentum beanspruchen. Nehmen Sie heute Jesaja 41,10 für sich in Anspruch. Glauben Sie fest daran, dass der Vers Ihnen zugesprochen ist!

92

Schlagen Sie geistliche Wurzeln

Gesegnet aber ist der Mann, der sich auf den HERRN verlässt und dessen Zuversicht der HERR ist. Der ist wie ein Baum, am Wasser gepflanzt, der seine Wurzeln zum Bach hin streckt. Denn obgleich die Hitze kommt, fürchtet er sich doch nicht, sondern seine Blätter bleiben grün; und er sorgt sich nicht, wenn ein dürres Jahr kommt, sondern bringt ohne Aufhören Früchte. *Jeremia 17,7–8 (L)*

Dies hier ist nicht bloß irgendein alter Baum unter vielen, sondern ein kraftvoller, gut verwurzelter Baum, der immer noch wächst, der selbst trockene Zeiten gut übersteht und der Frucht bringt. Die heißen Sonnenstrahlen tagein, tagaus können ihm nichts anhaben, seine Blätter werden weder braun noch welk. Er ist ein entschlossener Baum. Er hat beschlossen, Frucht zu bringen, egal, was kommt.

Unser Bibelvers sagt, dass so derjenige gesegnet ist, der sich auf den Herrn verlässt. Sein Glaube ist fest gegründet, und seine Zuversicht setzt er auf den Richtigen, auf Christus. Er wird es mit Sicherheit durch alle Schlaglöcher auf der Straße seines Lebens schaffen, weil »seine Zuversicht der Herr ist«. Weder sein IQ noch seine Konfession oder

Gemeindezugehörigkeit, sondern der Herr selbst ist seine erste und letzte Hoffnung. Der Mann, von dem hier die Rede ist, glaubt offensichtlich, dass Gott völlig vertrauenswürdig ist. Er gestattet Gott, ihm Gutes zu tun und zu dienen, und er tut anderen Gutes und dient ihnen (genau das heißt schließlich »Frucht tragen«).

Was hat dieser Vers für uns zu bedeuten? Auch wenn in uns wohl kaum über Nacht unzählige Knospen eines neuen Vertrauens zu Gott sprießen werden, kann uns dieser Vers eine Ermutigung sein. Auch unser Vertrauen zu Gott kann anfangen zu wachsen. Düngen Sie Ihr Vertrauen mit Bibelstudium, Gebet und wohltuender Gemeinschaft in der Familie der Gläubigen. Die Chancen stehen gut, dass, wenn unser Vertrauen wächst, unsere Ängste abnehmen und unsere Segenserfahrungen zunehmen werden.

93

Gründen Sie Ihre Hoffnung auf Gottes Plan

Denn ich weiß wohl, was ich für Gedanken
über euch habe, spricht der HERR:
Gedanken des Friedens und nicht des Leides,
dass ich euch gebe Zukunft und Hoffnung.

Jeremia 29,11 (L)

Gott hat einen Plan! Das ist eine gewaltige Aussage, auf die wir uns besinnen dürfen. Es ist leicht, diese Wahrheit aus den Augen zu verlieren, besonders deshalb, weil wir nie Gottes ganzen Plan auf einmal zu Gesicht bekommen. Wir befürchten oft viel eher das Gegenteil: Wir rechnen mit Unglück und sehen schwarz – nach dem Motto: Alles, was schief gehen kann, wird sicherlich schief gehen! Das aber ist meilenweit entfernt von dem, was Gott für uns im Sinn hat. Er möchte, dass wir uns im Blick auf die Zukunft sicher und geborgen wissen und darauf vertrauen, dass er seinen Plan in uns zur Vollendung bringen wird. So wird aus Unglück plötzlich Glück, aus Befürchtung Hoffnung und Gelassenheit.

94

Behalten Sie Ihre Bedürfnisse nicht für sich

Bittet, so wird euch gegeben; suchet, so werdet ihr finden; klopfet an, so wird euch aufgetan. *Matthäus 7,7 (L)*

Drei Worte: bitten, suchen, anklopfen. Sie sprechen von Ausdauer im Gebet. Sie beschreiben einen Menschen, der aktiv statt passiv ist, der im Gebet die Hand ausstreckt, statt sich zu verschließen, der auf Christus sieht statt auf sich selbst. Und jedes dieser drei Worte wird von einer Verheißung begleitet: Es wird dir gegeben werden, du wirst finden, die Tür wird aufgehen. Helle Worte der Hoffnung.

Drei andere Worte: Zweifel, Verwirrung, Sorge. Sie sprechen von Furcht. Von Entmutigung und Verzweiflung. Von Angst und Hoffnungslosigkeit. Sie beschreiben einen Menschen, der immer um das Negative kreist statt um das Positive. In diesen drei Worten ist keine Verheißung enthalten. Aber Heilung ist möglich, wenn man sie mit den ersten drei Worten kombiniert:

bittet	–	Zweifel
suchet	–	Verwirrung
klopfet an	–	Sorge

In der Regel trifft nämlich immer dann, wenn eines der Worte der zweiten Spalte einen Menschen beschreibt, das entsprechende Wort der ersten Spalte gerade nicht zu. Machen Sie mal die Probe aufs Exempel!

95

Tauschen Sie Ihr Joch ein

Kommt her zu mir, alle, die ihr mühselig und beladen seid; ich will euch erquicken. Nehmt auf euch mein Joch und lernt von mir; denn ich bin sanftmütig und von Herzen demütig; so werdet ihr Ruhe finden für eure Seelen. Denn mein Joch ist sanft, und meine Last ist leicht. *Matthäus 11,28–30 (L)*

Christus lädt den ängstlichen Menschen ein, sich auf ein wundersames Abenteuer zu begeben: auf das Abenteuer, aus der Schrift und durch den Heiligen Geist zu lernen, wie man zu jener tiefen inneren Ruhe kommt, die Gott allein geben kann. Viele Christen versuchen, ihre Ängste zu überdecken, indem sie immer noch mehr Arbeit übernehmen. Sie werden zu »Workaholics«, um sich nicht mit sich selbst und ihren wirklichen Gefühlen auseinander setzen zu müssen. Sie begehen die Dummheit, sich einzureden, diese zusätzlichen Aufgaben seien von Gott. Dann packt sie der Ärger auf Gott, weil der ihnen ja ein derart schweres Joch und so viele Lasten aufgebürdet hat.

In Wirklichkeit sind das schwere Joch und die vielen Lasten gar nicht von Gott, sondern selbst auferlegt. Sie sind etwas, das wir uns selbst gewählt haben, vielleicht weil wir es von unseren perfektionistischen Eltern übernommen haben, die immer zu viel verlangten, oder von einer gesetzlichen Gemeinde, die immer alles negativ sah.

Die Lasten, die wir da übernehmen, können sowohl eine Kompensation unterdrückter Minderwertigkeitsgefühle sein als auch Ausdruck von Versagensängsten.

Gott möchte, dass wir unsere selbst auferlegten Verantwortlichkeiten und schweren Lasten abwerfen und sie durch sein sanftes Joch und seine leichte Last ersetzen. Wir müssen nicht unsere Zeit damit vergeuden, zwanzig überflüssige und unangenehme Hausaufgaben zu absolvieren, um unseren Wert unter Beweis zu stellen. Es ist viel besser, an jedem Tag nur zwei oder drei Dinge zu tun, von denen Gott uns überzeugt hat, dass sie dran sind, und diese dafür gut zu machen. Sobald wir einen langsameren Gang einlegen, werden wir uns endlich unserer Motive und all der unterdrückten, unbewussten Gefühle bewusst, die uns bislang steuerten.

Wechseln Sie das Joch und begeben Sie sich auf das Abenteuer des inneren Friedens. Oder trauen Sie sich etwa nicht?

96

Vertraute Nähe

Jerusalem, Jerusalem, die du tötest die Propheten und steinigst, die zu dir gesandt sind! Wie oft habe ich deine Kinder versammeln wollen, wie eine Henne ihre Küken versammelt unter ihre Flügel; und ihr habt nicht gewollt! *Matthäus 23,37 (L)*

Manche Menschen wollen gar keine enge Beziehung zu Jesus Christus. Das würde nur den eigenen Lebensstil und das Image gefährden. Aber sie hätten trotzdem gern die Vorzüge eines vertrauten geistlichen Umgangs (d. h. Gebetserhörungen, einen stärkeren Glauben und inneren Frieden). Aber so funktioniert Christsein nicht. Wir müssen Gott so begegnen, wie er es sich denkt, und können nicht erwarten, dass er sich an unsere Bedingungen hält.

Jesus wollte Jerusalem unter seinen Schutz bringen, aber die Menschen mochten seine Bedingungen nicht – Umkehr und Vergebung. Jerusalem wollte einen Messias, aber Jesus entsprach nicht dem Bild, das sie sich gemacht hatten. Er entsprach nicht ihren religiösen Vorschriften. Sie fühlten sich unwohl in seiner Nähe, weil er sie aus ihrer Selbstzufriedenheit riss.

Darum lehnen auch heute so viele Menschen Jesus ab. Dass ihnen der Friede mit Gott fehlt, ist ihr größtes Problem.

97

Lassen Sie sich befreien!

Ich möchte aber, dass ihr ohne Sorge seid.

1. Korinther 7,32a (L)

Das ist klar und deutlich! Das ist eindeutig! Gott möchte, dass wir frei sind von Angst und Sorge. Wir aber werden die Angst nicht los, weil uns der Glaube fehlt, eben dieser Wahrheit ins Gesicht zu sehen: Gott will, dass wir frei sind. Er möchte, dass wir ihm glauben und uns der eigenen Wahrheit stellen, selbst wenn das wehtut. Denn die Wahrheit wird uns frei machen (Johannes 8,32): frei von unseren Ängsten.

98

Beten Sie konkret

Sorgt euch um nichts, sondern in allen Dingen lasst eure Bitten in Gebet und Flehen mit Danksagung vor Gott kundwerden. Und der Friede Gottes, der höher ist als alle Vernunft, bewahre eure Herzen und Sinne in Christus Jesus. *Philipper 4,6–7 (L)*

Unser Beten ist oft zu sehr Routine, zu allgemein, zu höflich und zu unwirklich. Deshalb hören viele einfach auf damit. Sie sind beim Beten nie bis zum Kern der Sache vorgedrungen. Sie gehen vielmehr davon aus, dass alle Antworten des Himmels von ihrer Fähigkeit abhängen, Gott auf die richtige Art zu schmeicheln.

Wer so betet, liegt völlig schief. Der Kernpunkt des Gebets – das inständige Flehen um etwas – fehlt oft völlig. Konkret beten heißt, die Schmerzpunkte und Nöte, die uns auf dem Herzen liegen, in ungekünstelten Worten bei Gott abzuladen. Es geht darum, dem Herrn unser Herz auszuschütten.

Lassen Sie das unverbindliche Gebetsgeplänkel nach dem Motto »Schönes Wetter heute, nicht wahr?«, und reden Sie wirklich offen mit Gott. Er wird Sie nicht hinauswerfen, und er wird auch nicht denken, Sie machten sich lächerlich. Er möchte nicht, dass Sie versuchen, ihn zu beeindrucken. Seien Sie einfach nur von ihm beeindruckt!

99

Lassen Sie das Wort Gottes an sich arbeiten

Denn das Wort Gottes ist lebendig und kräftig und schärfer als jedes zweischneidige Schwert, und dringt durch, bis es scheidet Seele und Geist, auch Mark und Bein, und ist ein Richter der Gedanken und Sinne des Herzens.

Hebräer 4,12 (L)

Das Wort Gottes ist lebendig, kraftvoll und treffsicher. Es kann uns helfen, Angst und Sorge zu überwinden. Es kann uns helfen zu unterscheiden, welche Gedanken von Gott kommen und welche nicht.

Wenn man von den unzähligen Quellen dieses Wortes nur unregelmäßig trinkt, wird dies auch nur zu einem unregelmäßigen Kräftezuwachs führen. Darauf ist kein Verlass! Um wirklich gerüstet zu sein, müssen wir Gottes Wort ganze Arbeit leisten lassen: Wir müssen zulassen, dass es den Menschen, der tatsächlich in uns steckt, ungeschminkt zu Tage fördert. Wenn wir uns unser Bild im Spiegel der Wahrheit Gottes ehrlich und aufrichtig betrachten, kann die Verwandlung beginnen, und der Friede ist auf dem Weg zu uns.